KB265372

평생 웃고 살자

행복한 푼수로 사는 비결

평생 웃고 살자

초판 1쇄 인쇄일_2010년 7월 3일
초판 1쇄 발행일_2010년 7월 10일

지은이_이한분
펴낸이_최길주

펴낸곳_도서출판 BG북갤러리
등록일자_2003년 11월 5일(제318-2003-00130호)
주소_서울시 영등포구 여의도동 14-5 아크로폴리스 406호
전화_02)761-7005(代) | 팩스_02)761-7995
홈페이지_http://www.bookgallery.co.kr
E-mail_cgjpower@yahoo.co.kr

© 이한분, 2010

값 8,000원

ISBN 978-89-6495-001-2 03320

행복한 푼수로 사는 비결

평생 웃고 살자

이한분 지음

BG 북갤러리

　"제가 있어서 여러분이 행복하고, 여러분이 있어서 제가 행복합니다. 언제나 제 강의를 듣는 분과 책을 읽으시는 분들 모두 평생 웃음과 함께 행복하세요."

　요즘 세상에 남들보다 모자라게, 푼수로 살아간다는 것은 힘든 일이다. 체계적이고 논리적으로 '예'와 '아니오'를 분명히 하면서 이것저것 따지는 것에 익숙해진 시대에, 푼수란 남들보다 뒤쳐진 존재로 인식되기 쉽다. 하지만 조금만 느긋하게, 유연하게 살면 행복한 푼수로 살아갈 수 있다.

　어느 국회의원 선거 유세 때 단상에 있는 후보에게 계란을 던지는 사람이 있었다. 그 후보는 당황하지 않고 이렇게 말했다. "기왕에 주시려면 소금도 같이 주셔야지요." 과연 이 후보를 바보라 할 수 있을까?

　필자의 강의 장소는 전국구다. 햇병아리 강사 시절에 먼 지방에서 강의를 하고 돌아오는 시간은 피곤하고 짜증도 조금 났었다. 그러던 어느 날 문득 이런 생각이 들었다. 내가 일을 하면서 왜 짜증을 낼까? 차라리 이럴 바에 일을 그만두지, 사람들 앞에서는 웃고 뒤돌아서 올 때는 짜증을 내다니 큰일 나겠다 싶어 생각을 바꾸기로 마음을 먹었다. 그래! 이젠 "평생 웃고 살자. 하하하하……." 이 소리만 들어도 샘물 솟듯이 힘이 팡팡 솟아난다.

　이제는 일 자체를 일이라 생각하지 않고, 전국 팔도를 다닐 때 '즐기면서 구경을 다닌다' 라고 생각을 바꾸기로 했다. 강의를 하러 다니면 얼마나 즐거운지 콧노래를 부르면서 팔도유람을 한다. 필자는 장거리 여행을 다니면서 노래를 잘 부르게 되었다. 가수 뺨친다. 믿거나 말거나이지만, 하하하하! 음정, 박자는 틀려도 넘치는 감정으로 부르기 때문에 그 순간에는 여느 유명 가수의 무대가 부럽지 않다. 와! 놀러 다니는데 교통비에 용돈까지도 넉넉히 준다. 얼마나 행복한 일인가! 정말 감사한 일이다. 돌아다니기 좋아하는 내게 딱 맞는 일! 하늘이 내려준 천직인 것 같다.

　강의를 다니면서 가장 많이 듣는 소리가 있다. 말을 잘하고 싶

다, 성격을 바꾸고 싶다, 웃으며 살고 싶다, 자신감을 키우고 싶다, 행복하게 살고 싶다, 젊게 살고 싶다, 긍정적으로 살고 싶다, 즐기면서 살고 싶다, 인상을 바꾸고 싶다, 자신을 리모델링하고 싶다…….

이런 이야기를 많이 하면서 방법을 가르쳐 달라고 한다. 필자도 잘 모르는데 방법을 가르쳐 달라고 하니 우습다. 필자는 그저 내가 살아가는 삶의 방법을 제시해준다. "제가 가르쳐주는 대로 한번 해보세요. '평생 웃고 살자.' 하하하하……. 밑져봐야 본전이니까. 방법은 간단하다. 그냥 평생 웃고 살아가는 것이다.

필자는 이렇게 말한다. "체계적인 삶에서 좀 벗어나서 푼수처럼 살아가보세요. 모자란 듯한 행동도 해보세요. 당장은 어색하고 잃는 게 많아 보일지는 몰라도, 약속하건데 훨씬 더 행복한 삶이 당신을 기다리고 있을 것입니다."

지금이라도 평생 배움의 자세로 살아가자. 나 자신을 '수신(修身)' 하는 마음으로 교양을 쌓으면서 말이다. 삶은 하얀 도화지와 지우개다. 수없이 그림을 그리고 마음에 안 들면 지우고 또 그리고 지우는 것이다. 그래서 우리의 삶은 '평생 공사 중' 인가 보다.

필자의 하루는 언제나 '공부 중.' 평생 배움의 자세로 살아야 좀 더 젊고, 좀 더 행복하게 살 수 있다는 신념 때문이다. 그래서 필자는 '이한분의 삶은 평생 배움의 자세로 푼수처럼 산다'고 자신 있게 말한다.

삶을 즐기고, 배우면서 사는 방법을 제시한 이 책을 통해 여러분의 삶이 항상 웃음꽃이 만발하고, 건강하고, 지혜로워지기를 바란다.

끝으로 이 책을 위해 원고에 도움을 준 사랑하는 가족과 이한분 펀스피치 연구소 수강생 그리고 성신문 원장님께 깊은 감사의 말씀을 드린다.

2010년 6월

이한분 펀스피치 연구소 대표 이한분

Part 2 평생 웃고 살자 – 평생 공부 중

Part 1
평생 웃고 살자
– 웃음으로

인류에게 한 가지 참으로 효과적인 무기가 있으니 그것은 바로 웃음이다.
- 마크 트웨인 -

웃음꽃 사시오

이한분

웃음꽃 사시오, 웃음꽃 사시오, 웃음꽃!
이 자리에 계신 소중한 분께
웃음꽃바구니 둘러메고 웃음꽃 팔러왔소.

활짝 핀 웃음 꽃, 방실방실 웃는 꽃
미소를 머금은 꽃, 억지 웃음꽃
웃음꽃 향기가 머무는 곳마다 행복하네.

웃음꽃 사시오, 웃음꽃 사시오, 웃음꽃!
웃음꽃을 사는 이 순간 유통기한 없이
평생 행복을 보장합니다.
보증수표 이한분!

1. 푼수는 이래서 좋다

푼수란 마음에 여유가 있는 사람, 꾸밈이 없는 사람, 가식이 없는 사람, 잘난 척하지 않는 사람, 편안한 사람, 실수를 두려워하지 않는 사람, 자연스러운 사람, 부드러운 사람, 긴장하지 않는 사람, 헌신하는 사람, 배려하는 사람이다.

나는 푼수기가 조금 있는 사람, 어딘가 좀 모르게 부족한 듯 어수룩한 사람을 좋아한다. 그것은 내가 좀 모자라서 그런가보다. 그래서 그런지 내 주변에는 늘 그런 사람들이 많이 있다. 내가 왜 푼수를 좋아하는지 알아보자.

그런 사람들은 잘못이 있으면 그 자리에서 고개 쳐들고 따지지 않고, 잘못했다고 먼저 용서를 빌고, 웃음으로 넘어가는 속성을 지니고 있다. 이것은 먼저 상대방을 용서와 배려할 줄 아는 마음이 있고, 마음이 순수하고 다른 사람을 수용할 줄 알기 때문이다. 얼마나 아름다운가. 색이 없는 흰 도화지 같은 어린아이의 마음, 그래서 사람들은 푼수들을 좋아한다.

대부분의 사람들은 마음에 색칠하는 것을 좋아 하고, 수시로 칠한다. 보기에는 아름다워 보일지 몰라도 실제로 그 사람의 마음속에는 어두운 면이 많이 있다. 이왕 색칠을 하려면 앞으로는 떠오르는 생각에 밝은 색을 칠해보자. 밝음이란 모든 면에서 매우 중요하다.

> 당신이 죽음에 임박해 있을 때도 웃음을 잃지 마세요.
> 하하하하…….

잘 웃는 사람들은 늘 긍정적인 마인드를 가지고 있다. '모든 일이 다 잘 될 거야. 그래! 잘 될 거야' 하는 마음을 가지고 있기 때문에 당연히 잘 웃는 것이다. 내 성격이 어둡다고 생각하면 억지로라도 많이 웃어라. 많이 웃다보면 나도 모르게 성격이 밝아진다.

대부분의 사람들은 돈이 개입되면 무엇이든지 다 하려고 한다. 그래서 공짜라고 하면 양잿물까지도 마신다는 말이 생겼나 보다. 그러나 웃음은 돈이 들어가지도 않는 공짜이니 많이 마셔보자.

웃는 것은 노력하면 누구나 된다. 게다가 돈도 안 들어간다.

행복한 푼수가 되고 싶다면 사람을 만날 때마다 내가 먼저 웃어보자. 하하하하! 이거 재미있네. '당근'이죠.

●●● 수다 떠는 것을 좋아하며 화술, 유머가 뛰어나다

푼수들은 말을 재미있게 한다. 조용했던 모임도 푼수가 들어오면 분위기를 확 바꿔 놓는 일이 많다. 온몸으로 과장법과 오버액션, 허풍을 떨며 상대방을 웃기고 재미있는 미사여구를 총동원해 가면서 말을 잘한다.

그럴 때 상대방은 즐거워하며 서먹했던 분위기도 한결 밝아진다. 누가 되었든지 어느 때나 말을 재미있고 맛있게 할 줄 알아야 한다. 상황에 따라 유머, 난센스 퀴즈 등을 적절하게 사용하는 사람이 푼수들이다.

> 66 "수다쟁이가 물속에 빠지면 어떻게 될까요? 입만 뜬다? 아니다. 요즈음 엉덩이만 물위에 뜬다고 한다. 왜냐하면 물속 고기들과 수다를 떨기 때문에."

이제는 달콤한 화술로 당당하게 승부를 걸자.

●●● 오래된 친구 같은 편안한 인상을 준다

어느 누구를 만나도 늘 웃는 인상이며 호감을 주는 상이다. '웃는 얼굴은 당신을 환영합니다, 당신을 좋아합니다, 당신을 존경 합니다' 라는 무언의 표현이다.

어느 누구와 첫 대면을 해도 비호감이 아니다. 늘 편안한 오랜 친구 같은 인상을 주기 때문에 처음 만나는 사람과도 편안하게 이야기할 수가 있다. 얼마나 친근감이 있는가? 옆집 아줌마, 아저씨처럼 말이다. 그래서 어디를 가도 대환영이다.

언젠가 해병대에 갔던 기억이 난다. 도로가에서 가로수 작업을 하고 있는 해병대 군인이 있어서 말을 걸었다.

“아저씨, 해병대 어디로 가죠?”

군인 왈, “저 아저씨 아닌데요?”

“미래의 아저씨라 미리 불러주는데 무슨 하자가 있나요?” 하고 반문을 하자, 같이 있던 동료와 함께 신나게 웃으며 길을 안내해 준다.

그렇다. ‘아저씨’란 한마디에 처음 만난 우리는 금방 웃음바다가 되었다.

●●●● 대인관계에 성공한 사람들이 많다

주변에 좋은 인맥을 많이 가진 사람들은 주위에 적(敵)을 두지 않고 산다. 사람들을 좋아하다보니 어린아이부터 노인에 이르기까지 대상이 다양하다. 픈수들은 주변에 항상 사람이 끊이지 않고 무슨 이야기를 해도 발 벗고 나서서 내 일처럼 다 들어주는 사람들이다. ‘무슨 일을 만나도 만사형통하리라’ 하는 의식을 가지고 남의 일도 내 일처럼 도와준다.

픈수들은 시간, 돈을 들이고 손해를 보면서 순수한 마음을 가지고 도와주기 때문에 주변에 사람들이 항상 끊이지 않는다. 혹 마음이 통하는 사람을 만나면 내가 가지고 있는 모든 것을 다

퍼주어 가면서 도와주려고 한다.

반면에 대인관계가 까칠한 사람은 머리에서부터 발끝까지 까칠해서 '가까이 하기에 먼 당신들' 이다. 푼수들이 인간관계가 까칠한 사람들에게 기름을 발라 주어야 한다. 웃음으로! 하하하하…….

●●● 대외적으로 활동을 많이 한다

푼수들은 같은 일을 해도 혼자서 모든 일을 다 하는 것처럼 보인다. 왜냐하면 정신없이 떠벌리면서 일을 하기 때문에 따뜻한 에너지가 넘치기 때문이다. 그리고 대외적인 활동도 많이 한다.

빈틈없는 사람들은 푼수를 싫어한다. 행동이 다른 사람들보다 크기 때문에 좀 허풍처럼 들릴 수도 있다. 그래서 주위에 있는 사람들이 정신없으니 가만히 좀 있으라고 한다. 그러나 가만히 있는 듯하다가도 다시 푼수기를 발동해서 행동이 커진다. 푼수들은 남에게 웃음을 주어야 한다고 생각한다. 입을 다물고 활동을 멈추고 있으면 병이 난다. 이것이 푼수들의 특징이다.

이런 사람의 내면은 조화롭고 알맹이가 들어 있어 콩 껍데기 인생이 아닌, 콩알 같은 진짜 사람들이다.

푼수들은 똑똑한 것 같으면서도 어딘가 모르게 나사가 하나 풀린 듯하고, 풀린 듯하면서도 잘 조여져 있다. 일을 하는 것도 그렇고, 수다를 떠는 것도 그렇고, 똑똑한 것 같으면서도 바보 같은 면이 있다. 빈틈이 없는 것 같으면서도 빈틈이 있다. 그래서 푼수들은 재미가 있다.

학교 다닐 때의 일이다. 영어시간에 친구가 부탁한 펜팔편지 대필을 해야 하는데 어떤 내용으로 할까 고민을 하다가 생각이 안 나서 갑자기 나는 먼 산을 바라보게 되었다. 수업시간에 선생님께서 "이한분!" 하고 부르는 소리도 못 들었다.

나중에서야 짝꿍이 말해주어서 자리에서 벌떡 일어났는데,
"지금 배운 것 발표해봐."

그래서 나는 얼른 대답 했다. "산을 바라보고 있었습니다."

아이들의 웃음소리에 교실이 떠나갈 듯했다. 그날 나는 선생님한테 얼마나 혼났는지 모른다. 마지막 시간에 쪽지 시험을 보

았는데 다행히 90점을 받았다. 멍청하면서 시험은 잘 보았다. 휴! 정말 다행이었다.

그 뿐인가. 그 당시에 펜팔이나 연애편지 혹은 국군장병아저씨한테 보내는 위문편지 등, 편지를 쓰는 것은 도맡아 놓고 내 당번이었다. 친구들이 만두나 찐빵을 사준다고 하니 먹고 싶은 마음에 대필을 많이 해주었다. 쉬는 시간은 무조건 편지 쓰는 시간이었다. 편지가 밀려있을 때는 수업시간에도 공부하는 척하면서 편지를 써 내려갔다. 선생님께 혼나기도 참 많이 혼났다.

지금 생각해 보면 그 당시에 내가 왜 그랬는지 모르겠다. 친구들이 날 좋아하고, 친구들이 편지 잘 쓴다고 칭찬을 해주니까 공부도 안하고 그랬다. 참 어리석은 짓이었는데 내 스스로 냉정하게 끊지 못했던 것 같다.

하지만 지금은 고맙다는 인사를 하고 싶다. 배고픈 시절에 찐빵과 만두를 배터지도록 얻어먹었으니까! 하하하하.

세월이 흐른 지금, 그 시절 친구들이 문득 보고 싶다. 지금 펜팔편지를 부탁하면 그때보다 더 멋지게 쓸 수 있는데 말이다. 지금은 부탁하는 사람이 한 명도 없다. 찐빵이나 만두를 사준다고 하면 얼마든지 밤새워 가면서 대필해 줄 수도 있는데 말이다. 연락해! 친구들아, 한분이는 아무 때나 24시간 마음의 문을 활짝 열어놓고 대기상태다. 단 외국어로 편지 쓰는 것은 말고. 하하하하.

나 자신을 좀 풀어놓는 연습도 한번쯤 해보자. 넥타이도 한번쯤 노타이로, 화장도 한번쯤은 '쌩얼'로, 정장에서 캐주얼로, 한복에서 정장으로, 가장이 자녀로, 사장이 말단직원으로, 선생님이 학생으로 한번쯤 입장을 바꿔서 행동을 하는 것도 재미있는 일이다.

2. 통쾌하게 그냥 웃자. 이유는 묻지 마

웃음은 하나님이 우리 인간에게만 주신 최고의 선물이자 최고의 보약이다.

이유는 묻지 마라. 나는 내가 가지고 있는 부동산, 주식, 건물 등 돈이 될 만한 물건은 모두 팔아서 웃음보약 제조회사를 차렸다.

이것은 무허가라서 우리 집의 은밀한 곳에 설치했다. 그리고 웃음보약을 제조해서 필요한 사람들에게 한 첩, 두 첩씩 나누어 준다. 필요한 분은 언제든지 연락주세요.

독자 여러분! 삶에 지친 사람들은 모두 오세요. 한번쯤 넘어

져 보지 않은 사람 어디 있겠소. 우리 집에 와서 보약 드시고 쉬었다 가세요.

돈을 받다가 걸리면 어두운 곳에 갈까봐 무료로 나누어 준다. 감옥에 가도 할 말이 많다. 공짜로 웃음보약 드신 분들 전혀 부작용이 없다고 자신 있게 말할 수 있다. 요즈음 웃음보약을 문의하는 사람들이 너무 많아서 어떤 때는 '고가의 금액을 받고 팔까?'를 생각한 적도 있다. 그러면 인생대역전 하면서 팔자에 없는 돈 방석에 앉아있을 텐데. 가족들은 나를 보고 정신 좀 차리라고 한다. 그래도 나는 재미있다.

웃음보약 한번 드셔보시지요. 공짜입니다. 박장대소 하하하하……. 이 짓은 푼수들이나 하는 장난이죠.

●●● 통쾌하게 그냥 웃는 것이다

입을 크게 벌리고 박장대소하면서 하하하하……. 어린아이들이 이유가 있어서 웃는 것인가? 아니다. 그냥 실실 웃는 아이한테 "왜 웃어?" 하면 이렇게 답한다. "그냥. 아! 배 아파, 아! 배 아파." 배를 움켜잡고 떼굴떼굴 방바닥을 뒹굴면서 아이들은 그냥 생각 없이 푼수처럼 그냥 웃는 것이다.

얼마나 건강한가. 아이들의 마음은 욕심 없이 맑다. 그래서 잘 웃는 것이다. 이제는 아이들처럼 통쾌하고 시원하게 입을 크게 벌리고 웃어보자. 이유 없이 웃자.

나는 잘 웃으니까 어린아이인가? 그럼 크게 웃어야지. 전원주 아줌마처럼. 교양 없게. "으하하하하하! 나, 원주야, 원주. 하하하하……." 한번 따라 해보세요. 소리 내어서 크게 웃으면 마음속까지 시원해요.

이쑤시개로 치는 종과 몽둥이로 치는 종, 망치로 치는 종소리는 다르다. 크게 소리 내어 웃자. 그 웃음소리에 나는 물론이고 이웃까지 행복에 젖어들게 하자. 그냥 웃자. 박장대소하고 크게 웃자. 웃을 때는 모든 생각이 정지되고 마음이 정화된다.

●●● 아이를 관찰해보자

아이들은 하루 종일 그냥 웃는다. 웃음을 가르쳐주지 않았는데도 잘 웃는다. 아이들에게 웃음이 좋다고 교육을 시키고 가르쳐주면 아마 더 잘 웃을 것이다. 하하하하.

그러나 어른들에게 웃음이 좋다고 교육을 하면 그 순간만 웃고 만다. 어렸을 때의 웃는 습관이 어른으로 성장하면서 마음에 어두운 색칠을 가득했기 때문에 자신도 모르게 웃음을 잃어버린 것이다. 어른도 어두운 욕심만 버리면 아이들보다 더 잘 웃을 것이다.

웃음이 몸에 좋다는 것은 의학적으로 이미 잘 알려져 있다. 그러면 많이 웃어야지 몸에 좋다는데! 하하하하……. 푼수처럼 많이 웃고 나는 오래 살아야지! 나만 오래 살면 어떡하나! 사랑하는 사람과 같이 웃어야지.

> **66** 여러분, 같이 한바탕 웃어볼까요. 큰 세숫대야에 웃음을 가득 담아서 마셔봅시다. 으하하하하하하……. **99**

아이들은 하루에 300~500번 웃는다고 한다. 아이들의 웃음은 마음에서 나오는 진정한 웃음이다. 가식이 없는 웃음이다. 아이들을 하루 종일 관찰해보자. 하루에 300~500번은 더 웃을 것이다.

반면에 성인은 하루에 6~7번, 그 중에 3~4번은 비웃음이라고 한다. 그래서 아이들이 어른보다 더 오래 산다는 말이 있다.

왜냐하면 많이 웃기 때문에. 성인은 웃음이 좋다고 의학적으로 증명이 되었는데도 잘 안 웃는다. 이유는 생각이 많아서이다. 근심걱정 그 무거운 짐을 벗어 던져버리고 바람처럼, 물처럼 가볍게 살아가야 걱정을 잊을 수 있다.

아니 잊기가 어렵다면 차라리 쓰레기통에 다 버리자. 시원하게 통쾌하게 말이다. 웃다가 보면 운명도 바뀐다. 그냥 웃어라. 허파에 바람들어간 것처럼, 푼수처럼 말이다.

아이들의 웃는 모습을 바라보면 천사 같다. 근심걱정이 없다. 웃고 있는 것만 바라봐도 배부르다. 웃는 모습이 어쩌면 이렇게 아름다울까? 표현법도 다양하다. 그러나 성인이 웃으면 이런 반응이 즉시 온다. 그 웃음 뒤엔 무언가가 숨어있다. 아첨, 비웃음, 음흉해, 능글능글하다, 징그럽다, 여우같다, 누군가를 홀리려고 하는 것 같다, 바보 같다, 재수 없다 등 여러 반응이 나온다.

그래서 성인들은 잘 웃지 않는다. 또 우스운 이야기를 들어도 생각이 많아진다. 이렇게 따지다 보면 웃을 일이 전혀 없다. 인간관계만 까칠해진다. 그렇잖아도 세상 살기 힘들어서 가는 곳마다 힘들다, 힘들다 하는데 더 웃을 일이 없어지는 것이다.

푼수들은 이것저것 남의 눈치 따지지 않고 마음 내키는 대로 웃는다. 바보처럼. 그래서 재미가 있다. 어린아이만 천사가 아니라 잘 웃는 '어른천사'도 많이 있다. 마음에 색안경을 버리고 좋은 마음을 가지고 바라보자.

오늘부터 아침에 잠에서 깨면 눈을 뜨기 전에 고양이처럼 기지개를 켜면서 온몸의 근육을 쭉 뻗어 보아라. 그리고 3~4분 후에 여전히 눈을 감은 채 웃기 시작하라. 5분 동안 마냥 웃어라. 처음에는 억지로 웃음소리를 내야 할 것이다.

그러나 얼마 지나지 않아 이 가짜 웃음이 진짜 웃음을 불러일으킬 것이다. 그때, 자신을 잊고 웃음 속에 파묻혀보아라. 이렇게 되기까지 여러 날이 걸릴 수도 있지만 오래지 않아 자연스러운 웃음이 터져 나올 것이다. 이 웃음이 우리의 하루를 바꾸어 놓을 것이다.

내 주위의 모든 사람들은 천사다. 하늘에서 내려준 천사. 내가 검은 안경을 쓰면 세상은 검게 보인다는 사실을 잊지 말자. 사람들은 있는 대로 보는 것이 아니고, 자기가 믿는 대로 보기 때문이다.

고난은 성장에 필요한 촉진제이다

세상을 살면서 누구나 '자살'이란 두 글자를 생각해보지 않은 사람은 거의 없을 것이다. 자살을 하는 사람들이 왜 이리 많은지 우리나라가 자살률이 높다고 한다. 한편으로는 이해가 간다. '세상 살기가 오죽 힘들었으면 그런 생각을 했을까?'라는 생각도 든다. 또 이런 생각도 해본다. 자살을 거꾸로 생각해보자. '자살 → 살자'로 바꾸면 얼마나 좋을까? 자살하려고 하는 그 마음을 '살자'로 바꾸어서 산다면 아마 못할 일이 없을 것이다.

고난은 성장에 필요한 촉진제이다. 살아가면서 겪는 온갖 힘든 일들은 고통이 아닌 성장의 기회다. 해산의 고통이 있어야 새 생명을 안아볼 수 있다. 선생님이 내주시는 숙제는 학생을 괴롭히려고 내준 것이 아니다. 실력을 키우기 위한 것이다.

신은 결코 우리에게 불필요한 것을 주시지 않는다. 감사하는 마음으로 늘 웃음을 잃지 말자. 높은 곳에 올라가려는 자만이 사다리를 생각해 낼 수가 있다.

고난을 헤쳐 나가는 중에 진짜 자기를 발견하게 된다. 니체는 말하기를 "차라리 고난 속에 인생의 기쁨이 있다. 풍파 없는 항해, 얼마나 단조로운가!"라고 했다.

독도 문제로 나라가 시끄럽다. 화만 내지 말고 이렇게 조금만 생각을 바꾸어보자. 독도는 우리 땅이다. 일본 말로는 '다께시마.' 이것을 거꾸로 읽으면 '마시께다.' 얼마나 독도가 맛이 있으면 탐을 내고 계속 우겨대는지 이해가 간다. 하하하하하.

우길 것을 우겨야지. 일본 사람들 냉수마시고 정신을 차려야 될 것 같다.

누구나 세상에 태어났으면 멋지게 살아보아야 할 것이 아닌가? 이것도 해보고 저것도 해보고. 모든 것은 하늘에 맡기고 최선을 다해보자. '고생 끝에 낙이 온다' 는 이 말을 믿는다. 정성을 들이면 하늘도 감동을 받아서 소원을 이루어 준다고 한다.

어려운 세상에 웃을 일은 정말로 눈뜨고 찾아볼 수 없다. 그렇다고 마음까지 우울해질 수는 없다. 모든 근심걱정 떨쳐버리고 웃음으로 극복해 보자. 웃다가 보면 즐거워지고 행복해진다. 이유도 없이 억지로라도 하루에 세 번씩, 아니 시간이 허락하는 대로 마음껏 웃어보자. 으하하하하.

그냥 웃다 보면 억지웃음도 90%의 효과가 있다. 통쾌하게 그냥 웃는 것이다. 속으로 비실비실 거리면서 웃지 말고 간 큰 사람, 미친 사람처럼 하루 종일 실실거리면서 온 동네에 웃고 다니는 사람이 있다면 왜 웃는지 묻지 말고 같이 덩달아 웃어보자. 얼마나 아름다운 일인가? 세상을 바꿔놓는다는 것, 미친다는 것은 아름다운 일이다.

웃음요법치료사들은 사람이 한 번 웃을 때의 운동 효과가 에어로빅 5분의 운동량과 같다고 주장한다. 미국 스탠퍼드대 윌리엄 프라이 박사는 사람이 한바탕 크게 웃을 때 몸속의 650개 근육 중 231개 근육이 움직여 많은 에너지를 소모한다고 설명한다. 크게 웃으면 상체는 물론 위장, 가슴, 근육, 심장까지 움직이게 만들어 상당한 운동효과가 있다는 분석이다. 따라서 웃을 때는 배꼽을 잡고 크게 웃는 게 좋다.

나는 매일 아침 거울을 보면서 웃는 표정을 연습한다. 우리나라 사람은 웃음에 인색하기로 유명하단다. 외국에선 동양인 중 인상 쓰고 있는 사람의 국적을 따져보면 대부분 한국인이라는 말도 있다. 문화적 요인에다 즐거운 일이 별로 없는 요즘 주위 환경이 웃음을 달아나게 만든 것이다. 잘 웃는 사람은 고통도 비교적 즐겁게 받아들인다. 웃는 얼굴은 초원의 거름과 같다. 그리고 몸의 언어 중 최상의 것이 바로 웃음이다. 복은 그 웃음을 타고 온다.

●●● 세상에 진짜 웃을 일은 별로 없다

그림자를 볼 것인가? 햇빛을 볼 것인가? 이것은 내가 선택을 하는 것이다. 어두운 쪽만 바라보면 웃을 일은 없다. 근심걱정 무거운 짐을 지고 가는 사람은 웃을 수가 없다.

마음의 보따리가 크면 클수록 세상을 많이 살았다는 증거이다. 삶이라는 것이 하루하루 살아갈수록 근심걱정 보따리는 날로 커진다. 그 근심걱정 보따리가 가벼운 사람일수록 건강하다고 하는데 걱정 보따리를 머리에 이고, 가슴에 안고 다니니 마음도 무겁고, 머리도 무겁고, 팔도 무겁고, 다리도 무겁고, 온 몸이 무겁고, 힘들다. 삶의 의욕을 찾을 수가 없다. 그래서 늘 죽겠네, 죽겠네 하면서 우리는 살아가고 있다

늘 근심걱정 보따리만 가득안고 살아가는 것이 우리네 인생사다. 하루에도 오만가지 생각을 하면서 살아가는 인생이다. 이 무

거운 짐 보따리를 시원하게 날려버리는 것은 없을까? 방법은 있다. 사람들이 찾지 않을 뿐이다. 나는 찾았다. 근심걱정 보따리를 웃음행복 보따리로 바꾸는 것이다.

걱정 공간에서 기쁨 공간으로, 불행 모드에서 희망 모드로 전환하는 도구는 바로 웃음이다. 날마다 웃는 것이다. 웃을 일이 없어도 그냥 웃어보자. 미친 사람처럼 말이다. 즉, 푼수처럼 입을 크게 벌리고 두 팔은 하늘을 향해 벌리고 하하하하……. 이 세상에서 나는 제일 행복하다. 으하하하하……. 진짜 행복하네요.

이제 이유도 묻지를 말고 억지로라도 웃어라. 그러면 웃음행복 보따리가 나에게 온다. 그리고 이 보따리는 전염이 되기 때문에 주위에 있는 사람들도 행복하게 만들어준다. 하하하하. 웃자, 웃자! 웃음행복 보따리를 만들기 위해서. 그러면 불행이 찾아왔다가 나도 모르게 웃음 때문에 도망을 갈 것이다. 얼마나 멋진 일인가.

억지로 웃는다는 것. 어설픈 푼수라면 굉장히 힘든 일이다. 그래서 순수한 푼수가 되어야 한다. 억지웃음도 효과가 있듯이 처음엔 가짜로 웃었는데 나중에는 진짜 웃음으로 변하는 것이다.

즐거워서 웃는 것이 아니라 웃다보니까 즐거운 것이다. 그러다 보면 일이 슬슬 잘 풀리는 것이다. 즐거운 마음을 일으켜라. 마음이 오감을 활성화시킨다. 그래서 억지의 웃음도 90%의 효과가 있는 것이다.

●●● 일어나자마자 웃어라

생각이 창조주요, 말이 창조주다. 항상 일어나자마자 웃어라. 모든 생각은 기쁨이 담겨있고, 모든 말은 진리가 담겨있고, 모든 느낌은 사랑이 담겨있게 하라. 마음은 항상 창조력을 갖고, 신념을 가지면 놀라운 힘을 발휘한다. 항상 좋은 생각, 좋은 감정으로 아침마다 웃음으로 시작하자.

우리나라 사람은 나이가 들면서 일기예보에 정통해진다. 일어나면서 하는 이야기가 있다. "아유, 지겨워. 비가 올려나. 자고 일어났더니 온 몸이 쑤시네. 찌뿌듯하네. 일어나기 싫은데……." 어김없이 이날은 비가 온다. 이런 날은 마음의 날씨가 하루 종일 흐리다.

잠자리에서 일어날 때 기지개를 켜고 웃음으로 하루의 일과를 시작하면 하루 동안 웃을 일이 많아진다. 하루의 일과를 흐린 날로 꿀꿀하게 시작하면 하루 종일 꿀꿀해지기 쉽다. 이왕 시작할 일이라면 웃음으로 하루의 일과를 기분 좋게 시작해서 저녁에 웃음으로 마무리 하자.

아침에 첫 번째 웃는 웃음은 보약 중의 최고의 보약이다. 아침은 하루의 시작이며 한 주의 시작이다. 그리고 한 달의 시작이고, 일 년의 시작이고, 평생의 시작이다. 혹시 연중계획 세우실 때 작심 3일이라고요? 그러면 금년엔 작심 3일을 100번만 해보면 그 계획을 안 지킬 수가 없을 것이다. 그러니 하루가 얼마나 중요한가?

이제 아침에 일어나자마자 첫 번째 하는 일은 가족들한테 웃음보약을 한 첩씩 주는 일로 시작하자. 포옹을 하면서 사랑해.

하하하하 웃어주며 칭찬을 하는 것이다. 이것이야말로 보약 중의 최고의 보약일 것이다.

●●● 웃음은 병을 예방한다

웃자! 마음의 변화에 의해 몸의 변화와 운명의 변화가 이루어진다고 확신한다. 많이 웃으면서 효과를 본 것이 있다. 예전에는 계절이 바뀔 때마다 감기약을 달고 살았는데 요즘엔 거의 병원을 안 가는 편이다. 이유가 뭘까? 가만히 생각해 보니 많이 웃고 푼수처럼 살다가 보니 그렇게 된 것 같다.

딸아이가 어깨가 무겁고 아프다고 해서 한의원에 갔다. 의사 선생님이 진찰을 다 하시고 나서 하시는 말씀, "모든 병은 스트레스에서 오니까 조심하라. 그리고 몸과 마음은 하나다. 우주의 법칙은 자력과 같아서, 어두운 마음을 지니고 있으면 어두운 기운이 몰려온다. 그러나 밝은 마음을 지니고 긍정적이고 낙관적으로 웃고 살면 밝은 기운이 밀려와 우리의 삶을 밝게 비춘다."

내 마음이 스트레스를 받으면 몸에 바로 이상이 오니까 조심을 하라고 하신다. 늘 긍정적인 생각, 스트레스를 받는다 할지라도 그것을 적당히 해소할 줄 알아야 한다. 그리고 매사에 웃으면서 일과를 시작하라고 말씀을 하신다. 이 이야기를 듣고 '그래 웃음이라는 것이 이렇게 중요하구나' 하고 또 한 번 나는 감동을 받았다. 돌아오면서 딸한테 "신경질적으로 살지 말고 엄마처럼 푼수같이 살아라. 그래야 건강하다고 하잖니?" 하자, "엄마! 그러면 다른 사람들이 바보라고 하면 어떡해요." "그래? 바보면 어떠니, 내가 바보가 아니면 되는 것이다. 그것도 생각하기 나름이다. 안 그러니? 사랑하는 딸아!"

돌아오는 길에 둘이서 얼마나 웃었는지 지나가는 사람들이 힐끗힐끗 쳐다보면서 지나갔다. 조금은 민망했다. 그래도 우리는 행복했다.

몸이 스트레스를 적게 받고 병원에 자주 가지 않는 비법은 바로 행복한 푼수처럼 즐겁게 사는 것이다. 돈도 안 들고 내 마음을 조금만 열면 되는 것이니 이보다 행복한 일이 또 어디 있을까? 이제는 행복을 멀리서만 찾을 것이 아니라 내 마음속에서 찾아보자. 이것이 진정한 행복이다. 웃는 자만이 행복한 것이다.

●●● 즐거운 생각을 하면서 웃어라

생각을 생각으로 대처하는 것이다. 생각은 조작할 수 있다. 즐거웠던 일, 좋았던 일 상상하기, 또는 좋은 음악을 듣는 일은 상상만 해도 얼마나 행복한가? 그냥 웃으려고 하면 웃을 일이 없다. 전혀 없다. 짜증나는 일이 많아도 즐거운 생각을 하면서 웃어보자. 즐거운 생각은 내가 노력하면 얼마든지 찾을 수 있다.

신랑이 미워지려고 하면 한때 즐거운 추억 즉, 연애할 때의 기억을 떠올려보자. 웃음이 저절로 나오면서 미워하는 마음이 사라질 것이다. 우리는 살아가면서 현재만 생각을 한다. 어려운 일이 있으면 미래의 꿈도 생각해보고, 과거의 행복했던 기억도 떠올려 보는 것이 바로 필자가 항상 웃을 수 있는 비결이다.

50세가 넘은 어느 날, 갑자기 생리가 끊겼다. 깜작 놀라서 산부인과를 찾아갔다. 접수를 하고 담당 의사를 만났다. 어떻게 왔냐고 묻기에, "생리가 안 나와서 임신인가 하고 검사를 받으러 왔어요"라고 말했다. 무표정한 의사는 차트를 쳐다보고 내 나이를 확인하고는 갑자기 얼굴표정이 바뀌면서 한동안 혼자서 크게 하하하하 웃으면서 하시는 말씀, "폐경기가 온 것 같네요." 나이도 잊어버리고 임신인 줄 알고 허겁지겁 병원에 달려간 내가 얼마나 주책인지. 분수도 모르고 푼수 짓을 한 것이 겉으로 말은 못하고, 민망하고, 어떻게 표현을 해야 할 줄을 몰랐다. 푼수는 이렇다니까요. 휴! 다행이네. 시집간 딸도 조금만 더 있으면 출산을 하는데, 안도의 한숨을 내쉬었다.

병원을 나오면서 이런 생각을 잠시 했다. 내 나이 50세가 넘어서 임신을 한다면 어떻게 될까? 상상만 해도 너무나 행복하면서 끔찍한 일이다. 남산만한 배를 끌어안고 머리는 파뿌리가 되고 얼굴엔 빨래판주름이 자리를 잡고 있을 것이다. 내 나이 환갑이 넘어서 이 아이가 10세가 되면 이떻게 할까? 이 아이를 위해서 아마 젊게, 오래오래 살려고 온갖 노력을 다하겠지. 성형외과에 가서 주름살 펴고, 보톡스를 주기적으로 맞고, 얼굴 성형을 하고, 뱃살 지방흡입제거 수술도 하고. 생각만 해도 웃음이 넘친다. 상상은 이렇듯 언제나 즐거운 일이다.

저녁때 아들과 딸, 남편이 왔다. 그날 산부인과에서 있었던 일을 들려주었다. 얼마나 재미있게 수다를 떨었는지 그날 저녁은 웃음바다가 되었다. 문득 내가 왜 이리 바보 같을까? 내가 진짜 바보인가? 잠시 곰곰이 생각에 잠겨본다. 결론은 모르겠다.

진짜 바보인가 보다. 그냥 내가 한 행동에 대해서 웃음만 나올 뿐이다. 생리가 끊어지니까 제일 좋은 것이 하나 있다. 그것은 부부간에 성관계를 마음 놓고 할 수 있다는 것이다. 진짜 이유는 임신이 불가능하다는 것, 피임도구를 사용 안 해도 되니 안심하고 서로 사랑을 하는 것이다.

> 66 얼마나 좋은 일인가? 여러분! 폐경이 왔다고 걱정하지 마세요. 우울해하지 마세요. 얼마나 좋아요? 모든 것은 마음먹기에 달려다니까! 폐경이 오신 분들만 축하하는 의미에서 통쾌하게 박장대소하면서 목젖이 보일 정도로 신나게 몸을 흔들면서 웃어봅시다. 하하하하. 99

내가 로또 1등에 당첨이 된다면 얼마나 좋을까? 그 돈 일부는 사회에 기부하고, 일부는 내가 사고 싶은 것 사고, 일부는 저축하고, 일부는 멋진 남자도 사고, 멋진 남자와 상상의 나라에도 한번 갔다 오고. 너무나 행복할 것이다. 이렇게 상상을 하면서 살면 웃을 일이 너무나도 많다.

상상의 세계, 미지의 세계를 한번쯤 여행해 보는 것도 정말 행복한 일이다. 이제는 꿈을 상상해가면서 웃어라. 꿈과 웃음은 한

집에 산다는 것을 잊지 말자. 꿈과 상상력이 풍부한 사람처럼 마음이 부자인 사람은 없을 것이다. 아! 상상만 해도 나는 무지하게 가슴 설레고 즐거우며 웃음이 저절로 나온다.

●●● 웃으면 행복이 오고, 웃으면 웃을 일이 많아진다

행복해지고 싶은가? 웃어라! 미소는 행복을 향한 창문이고, 웃음은 그 문이다. 웃어보아라. 좋은 일이 몰려오리니 지금 당장 좋은 일이 없다고 투덜대지 마라. 시간이 흘러가면 된다.

이제는 웃을 일도, 행복도 내가 만들고 내가 가꾸는 것이다. 내가 직접 만들어야 진정한 행복이 무엇인지 느낄 수가 있다. 남이 안겨주는 행복은 일시적인 것이다. 이제는 행복도 본인 스스로가 만들어 나가자.

●●● 함께 웃어라. 혼자 웃는 것보다 33배의 효과가 있다

혼자 웃는 것도 중요하지만 여럿이 함께 웃는 것이 더 행복하다. 가능하면 가족, 직장동료, 친구 등 여럿이 모이면 내가 먼저

웃음꽃다발을 선물로 주어라. 그러면 모든 사람들이 행복해질 것이다. 먼저 아름답게 웃음꽃으로 미쳐보는 것이다. 오늘 축하할 일이 생겼다면 웃음을 녹음해서 웃음의 꽃다발을 퀵서비스로 한번 보내는 것은 어떨까?

문자 메시지를 이용하여 마지막에는, '하하하하!' 로 마무리를 해보자. 문자 메시지를 받는 사람은 자동적으로 웃게 될 것이다.

예를 들어 '사랑하는 자기야, 지금 어디야? 하하하하! 분이가.'

참깨도 떨어야 깨가 막 쏟아진다. 푼수를 떨어야 하하하하 재미가 있다. 나처럼 해봐라, 요렇게. 아이참 재미있다.

한번 웃고 또 웃어라. 웃지 않고 하루를 보낸 사람은 하루를 낭비한 사람과 같다고 한다. 금방 웃고 또 웃어라. 그냥 웃자. 통쾌하게 그냥 웃자.

●●● 웃으면 행복이 오고 웃을 일이 많아진다

감사는 웃음의 뿌리이다. 남편에게 감사, 자녀에게 감사, 공기에게 감사, 집에게 감사, 버스에게 감사, 자가용에게 감사, 친구에게 감사, 땅에게 감사, 옷에게 감사, 신발에게 감사, 하늘에게 감사, 나무에게 감사, 부모님에게 감사, 직장에게 감사, 전철에게 감사, 호흡에게 감사, 날아가는 새에게 감사, 구름에게 감사 등 마음속으로 쉴 새 없이 감사의 마음을 표현해본다. 감사의 말은 자연스럽게 웃음을 머금게 하며 행복하게 만든다.

노만 커즌스 박사는 강직성 척추염에 걸려서 뼈마디마디에 염증이 생기고 손가락이 굽혀지지도 않는 극심한 고통을 겪어야만

했다. 현대의학으로는 그 병을 치료할 수 없다는 사실을 알고, 부정적인 사고나 감정은 육체에 화학적인 변화를 가져오며 부신 호르몬을 마르게 하여 많은 질병의 원인이 된다는 것을 깨달은 뒤에 웃음요법을 실시해 보기로 했다.

진통제와 수면제 없이는 잘 수 없을 정도로 통증이 심한 상태였는데, 10분 정도 폭소를 터트린 후에는 2시간 정도 평안하게 잘 수가 있다는 사실을 알게 되었다. 혼자보다는 여럿이 모이면 33배 더 잘 웃을 수 있다는 사실을 알고 친구들을 초청하여 같이 웃었다. 웃음요법의 자가 치료를 통하여 8일 후에는 엄지손가락이 통증 없이 움직일 수 있게 되었다. 결국 통증 없이 테니스나 골프를 칠 수 있었고, 승마를 즐겼으며, 손을 떨지 않고서도 카메라의 셔터를 누를 수 있을 정도로 완전히 치료가 되었다고 한다.

‘소문만복래(笑門萬福來)’라는 글귀를 대문에 붙여놓고 복을 부르는 우리 조상들의 지혜는 정말 놀라운 일이 아닐 수가 없다. 우리 몸을 다스리는 것이 기(氣)라는 것인데 웃음의 기를 많이 받아야 건강에 좋다.

기왕이면 크게 웃어라. 매일 15초를 웃으면 이틀을 더 산다고 한다. 웃는 김에 1분 동안 웃으면 8일을 더 오래 산다고 하니 그냥 웃자. 박장대소하면서 크게 웃는 것이다. 신기가 들린 사람처럼 부들부들 온몸을 떨어가면서 웃어보라. 오장육부가 충격을 받아 전신운동이 되어 시원하고 통쾌하다.

이렇게 웃기만 해도 이틀을 더 산다고 하니 돈 들어가는 것도 아니고 나는 많이 웃어야지. 그래서 건강하게 오래오래 살아야지. 그러면 어떻게 웃어 볼까. 하하하하. 입이 찢어질 정도로 입을 크게 벌리고 목젖이 보일 정도로 하마처럼 입을 벌린다. 상추쌈을 맛있게 먹을 적에 입을 크게 벌리듯 웃을 때도 마찬가지로 입을 크게 벌리고 호탕하게, 방정맞게 웃는 것이다. 으하하하하. 이렇게 웃는 것이다.

불행이 놀러왔다가 줄행랑을 치듯 무섭게 도망갈 정도로 크게 웃어보자. "불행아, 물러가라. 어디서 감히 나한테 오다니. 썩 물러가라. 하하하하…… 행복이 오는구나. 누구한테 찾아올까? 알아 맞춰보세요. 당연히 웃는 푼수, 바로 여러분한테." 다른 사람한테 가기 전에 내가 먼저 웃는 것이다. 사랑도 뺏는다고 하는데 웃음도 다른 사람한테 뺏기기 전에 내가 빼앗는 것이다. 그리고 실컷 웃어보자.

　내가 살아보니까 인생사는 것 별것 아니다. 그리고 티격태격 싸우는 것도 돌아서서 생각을 해보면 그것도 별일이 아니더라. 입장만 바꿔서 생각을 해보면 된다. 네가 틀린 것이 아니라 좀 다를 뿐이라는 것을 인정해 주면 된다. 서로 인정해 주고, 격려해 주고, 칭찬해 주고, 배려해 주자. 바보처럼 말이다.

　저녁엔 웃음상추쌈을 밥상위에 차려 놓아라. 그리고 가족들이 둘러앉아서 맛있게 먹어보자.

　서로가 여보, 당신하면서 자녀들에게 웃음상추쌈을 맛있게 싸서 서로가 한 입씩 입에 쏙쏙 넣어서 주는 것이다. 그리고 박장대소하면서 크게 웃어보자. 하하하하. 천국은 죽어서 가는 곳이 아니다. 지금 이 순간 우리의 마음이 천국인 것이다.

3. 스스로 웃으며
만족하는 삶을 살자

불행한 사람은 갖지 못한 것을 사모하고, 행복한 사람은 가진 것을 사모한다.
– 하워드 가드너 –

●●● 당신은 만족하십니까?

물어보면 누구든지 불만이라고 대답을 한다. 인간은 늘 2%가 부족하다고 한다. 그래서 부족한 것을 채우려고 이리저리, 동서남북 분주하게 돌아다닌다. 그 부족함을 외부로부터 채우려고 끊임없이 노력하고 있다. 그러나 만족하다 싶으면 또 부족하다. 그래서 부족한 것을 채우려고 또 분주하게 돌아다닌다.

그렇다. 필자도 그 부족한 것을 채우려고 사방팔방 분주하게

수많은 노력을 하고 있다. 그러나 얻었다 싶으면 며칠 못가서 또 부족하다. 그래서 또 실망을 한다. 늘 피곤한 인생길이다. 만족이 없으니 늘 불만이며, 그래서 '왕스트레스'다. 이제는 스트레스를 친구처럼 즐기면서 놀다가 홈런으로 시원하게 날려버리자.

사람은 태어날 때부터 세상의 모든 것을 움켜잡으려고 두 주먹을 불끈 쥐고 태어난다. 어머니 복중에 있을 때는 편안하게 지냈지만, 세상에 나올 때는 '긴 여정의 삶의 전쟁과 싸워야 되는데' 하며 악을 써 울면서 태어난다. 그래서인지 세상을 사는 동안 발버둥 치면서 손안에 무엇인가를 가득 채우려고 형제간에도 경쟁을 하면서 살아간다. 이것이 사람의 본능인 것 같다. 만약 세상의 삶이 늘 행복하기만 하다면 세상에 태어날 때부터 방실방실, 하하하하, 박장대소하면서 웃으면서 태어날 것이다. 그렇지 않은가?

그러나 세상의 부귀영화를 누렸던 사람도 이 세상을 하직할 때는 세상의 모든 짐을 다 내려놓고 "내 손에는 아무것도 없습니다", "올 때도 빈손으로 왔으니 돌아갈 때도 빈손으로 돌아갑니다" 하고 빈 손바닥을 보여주고 세상을 하직한다. 얼마나 허무한가! 무엇을 위해서 내가 그토록 열심히 살았던가! 자신을 위해서 얼마나 살았던가! 그나마 자신을 위한 삶을 조금이라도 사신 분이 있다면 그는 행복한 삶을 삶았으리라…….

●●● 이제는 후회 없이 마음껏 웃으며 살자

사람은 죽을 때가 되면 일생을 회고하면서 보편적으로 세 가지 후회를 한다고 한다.

첫째, 베풀지 못한 것에 대한 후회

'가난하게 산 사람이든 부유하게 산 사람이든 죽을 때가 되면 좀 더 주면서 살 수 있었는데, 이렇게 긁어모으고, 움켜쥐어 봐도 별것 아니었는데, 왜 좀 더 나누어 주지 못했고, 베풀며 살지 못했을까? 참 어리석게 살았구나.' 이런 후회를 한다.

둘째, 참지 못한 것에 대한 후회

'그때 내가 조금만 더 참았더라면 좋았을 걸. 왜 쓸데없는 말을 하고, 행동을 했던가?' 하고 후회한다고 한다. 당시에는 내가 옳다고 생각했다. 그것이 최선이라고 생각했고 그럴 수밖에 없었다고 생각했다. 그러나 지나고 보니 좀 더 참을 수 있었고, 좀 더 여유를 가지고 참았더라면 내 인생이 달라졌을 텐데 참지 못해서 일을 그르친 것이 후회가 된다.

셋째, 좀 더 행복하게 살지 못한 것에 대한 후회

'왜 그렇게 빡빡하고 재미없게 살았던가? 왜 그렇게 짜증스럽고 힘겹고 어리석게 살았던가? 얼마든지 유머스럽게 기쁘고 즐겁게 웃으면서 살 수 있었는데' 하며 복되게 살지 못한 것에 대해서 후회하고 또한 이러한 나로 인하여 다른 사람들을 힘들게 한 삶을 살았던 것에 대해서 후회한다고 한다.

사람은 내 손안에 무엇인가를 잡으려고 하는 순간부터 스트레스를 받는다. 양손에 무엇인가를 한 움큼 꼭 움켜잡고 있어야 편안하다. 그리고 무언가를 손에 넣으려고 이리저리 돌아다닌다. 그래서 피곤하다.

무엇인가를 내려놓는 순간부터는 행복하다. 이제는 내려놓는 연습도 해야 한다. 내려놓는 연습을 한다는 것이 말대로 쉽지는 않겠지만, 먼저 내 마음부터 내려놓는 연습을 하자. 이것이 스트레스에서 벗어나는 첫 관문이다.

부족한 것을 상대방한테서 채우려고 하는 사람이 있는가 하면, 스스로 부족한 것을 채우려고 열심히 노력하는 사람이 있다.

스스로 만족하는 삶을 살지 못하면 언제나 불행한 삶을 살아갈 것이다. 부족하면 부족한 대로, 풍부하면 풍부한 대로 스스로 만족하는 삶을 살아가자. 내가 스스로 움직여서 채워가는 것이다. 그래야 보람도 느끼게 된다. 이제는 스스로 부족한 것을 채

우면서 만족하는 삶을 살아가자. 이것이 행복한 삶이다.

본인이 열심히 살려고 노력을 해야 한다. 내 몸이 움직일 수 있는 데까지 말이다. 사람은 몸을 움직여야 건강하다. 필자가 잘 아시는 분은 새벽에 우유배달을 하신다. 새벽에 운동을 하시기 위해서 선택을 하셨다고 한다. 이렇게 하면 운동을 빠질 수가 없어서 매일매일 꾸준하게 하신단다. 일석이조가 아닌가? 돈도 되고 운동도 되고 얼마나 좋은가.

이른 새벽에 우유배달, 신문배달, 야쿠르트 배달을 하시는 분들 보아라. 얼마나 지혜로운가. 그것을 일이다 생각하면 힘들어서 못한다. 이렇게 바꿔서 생각해보자. 새벽에 운동을 하는 것이다. 운동을 하는데 돈이 생기고 건강까지 좋아지니 얼마나 신바람 나며 즐거운 일인가!

필자도 청소년시기엔 신문배달을 한 적이 있다. 학원을 다니고 싶은데 돈은 없고, 그래서 〈조선일보〉 지국을 찾아가 '알바'를 한 적이 있다. 그 당시에는 학생들이 신문배달을 많이 했다. 그때만 해도 학생들의 알바는 신문배달밖에 없었던 것 같다. 생각해보면 그 시절 고생도 무지하게 많이 했던 기억이 난다. 꿈을 향해 그 고생을 이겨낸 내가 참 대견했었다.

요즘은 부모가 자녀를 무기력하게 만드는 것 같다. 스스로 할 수 있는 것들도 자녀들이 고생한다고 무조건 다 해주다 보니까 스스로 할 수 있는 일들을 찾지 못한다. 때문에 위기가 닥치면 주저앉는 일들을 종종 볼 수가 있다. 자녀에게 자립심을 길러주는 것이 부모가 해줄 수 있는 최선인 것이다.

내 몸이 건강하여 스스로 무엇인가 일을 할 수 있다는 것은 얼마나 행복한 일인가! 자식한테 손 안 내밀고 내가 할 수 있는 능력을 키워보는 것이다. 얼마나 대견하고 예쁜지 모른다. 이보다 더 중요한 것은 일을 하니까 생각도 젊어지고, 마음도 젊고, 건강하다는 것이다. 일 자체를 지겹다 생각하지 말고 즐기면서 열심히 하는 것이다. 스스로 자신한테 칭찬도 많이 해주며 사랑하는 것이다. 파이팅! 오늘도 힘내세요. 이한분 사랑합니다.

●●●● 인생의 행복은 내가 만들어가는 것이다

나만의 행복의 추억노트에 한 줄, 한 줄 적어 내려가 보자. 아주 멋지게 살았노라고. 이 세상 모든 일을 마무리 짓고 나서 마침내 우리의 본향에 가서 멋진 삶을 살았노라고 말할 수 있도록. 얼마나 멋진 일인가!

내 인생의 무대에서 주인이 될 수 있게 노력하자. 인생이란 무대는 예행연습이 없다. 그래서 최선을 다해야 한다. 후회가 없는 무대, 화려한 무대, 관객이 즐거워할 수 있는 무대를 위해서 말이다.

한번 왔다가는 삶, 자기 인생의 주연배우로 살아야 하지 않을까? 남이 써준 각본을 가지고 연기만 한다면 참다운 의미의 주인공이 아니다. 각본도 스스로 써야 하고 감독도 스스로 해야 한다. 세상은 무대요, 인간은 연기자라는 셰익스피어의 말처럼 자기 인생의 주인공으로서 오늘도 아름다운 연기를 펼치며 살아가자.

●●● 주어진 모든 것에 웃으며 만족하자

스스로 자족하는 삶을 멋지게 살아가야 한다. 가진 자는 없는 자에게 조금만 베풀 수 있는 마음을 가지고, 조금 부족한 자는 스스로 만족하면서 말이다. 현재 나에게 있는 것에 만족하면 삶은 더 풍요롭고 행복할 것이다.

인생은 언제나 선택의 연속이다. 내가 무엇을 선택하느냐에 따라서 행복해질 수도 있고 불행해질 수도 있다. 행복과 불행은 순간순간 다가오는 선택이며 예측불허한 것이다. 오늘이 불행했다고 영원히 불행한 것은 아니다.

요즘 인천 시각장애인복지회관에서 시각장애인 성인들을 대상으로 '펀스피치' 교육을 하고 있다. 그동안 많은 강의를 해왔지만 그분들에게 강의를 할 땐 정말 신이 난다. 처음에는 어떻게 접근을 할까 걱정 반, 즐거움 반으로 시작했다. 왜냐하면 시각장애인이라는 선입견 때문이었다. 한 번, 두 번, 세 번 횟수를 거듭해가면서 걱정과 두려움은 오히려 수업에 대한 기대와 설렘으로 변했다.

이곳은 수업시간이 되면 교실 안이 웃음바다가 된다. 마음이 순수해서 얼마나 잘 웃는지 수업은 웃음으로 시작해서 웃음으로 끝난다. 다들 유머감각도 뛰어나시고 정말 재미있는 수업시간이다.

나는 그분들에게 "앞이 보이지 않다고 해서 얼굴까지 어둡게 할 수는 없잖아요. 그러니 얼굴은 웃음으로 포장하세요"라고 한다. 그것도 활짝 핀 웃음꽃으로.

그분들에게는 희망이 있고 꿈이 있다. 펀스피치 교육을 받고 나서 웃음치료사 자격증, 스피치 컨설팅 지도사 자격을 취득하여 대중 앞에서 멋진 강의를 하시는 게 꿈이고 희망이다. 할 수 있다는 자신감을 갖고 도전을 하는 것이다.

필자는 그분들에게 펀스피치 교육과정을 초급, 중급으로 나누어서 지도자 과정까지 완수를 한 다음, 그분들이 사회활동을 할 수 있도록 자리를 마련해주고 싶은 꿈이 있다. 그래서 시각장애인들도 무엇인가를 할 수 있다는 것을 보여 주고 싶다. 현재 강사로 활동을 하시는 분도 계신다.

●●● 꿈이 있는 사람은 시각장애인이 아니다

단지 보이지 않을 뿐이다. 꿈이 없는 사람이 시각장애인이다. 꿈을 보지 못하기 때문이다. 강의를 마치고 돌아오는 시간에는 항상 도전을 받는다. 우리는 늘 건강하기 때문에 건강의 소중함을 모른다. 장애라는 것은 어느 일부 특정인에게만 주어지는 것으로 생각하는 사람들이 아직도 많이 있다. 자신에 대해 한번 반성을 해보자. 나는 어떤 장애를 가지고 있는가?

어려운 환경에서도 배움에 대한 열정, 그리고 모든 것을 긍정적으로 받아들이는 낙관적인 자세, 자기 자신을 늘 웃음으로 무장하는 태도는 오히려 비장애인들이 본받고 따라야 할 점이다. 태어날 때부터 시각장애인도 있지만 대부분 중도에 질병, 사고, 시력저하로 시각장애인이 되신 분들도 많이 있다.

그분들의 사연은 눈물을 흘리지 않고는 들을 수가 없다. 생각을 해보라. 잘 보이던 눈이 어느 날 사고로 한 순간에 캄캄한 세상으로 변했다면 어떻게 하겠는가? 집에서 몇 년 동안 두문불출하고 우울증에 마음의 병까지 얻어 자살을 할까 말까 하루에도 수십 번, 수백 번씩 생각했다고 한다. 그러나 가족들의 헌신적인 사랑과 관심, 배려를 저버릴 수 없어 제2의 인생을 시작하려고 찾아온 곳이 인천 시각장애인복지회관이라는 곳이다.

그곳에 발길을 옮기기까지 마음고생을 털어버리고 다시 시작하는 곳. 아기가 걸음마 배우듯, 말 배우듯 모든 것을 새롭게 시작하는 것이다. 필자는 그분들에게 힘찬 격려의 박수를 활짝 핀 웃음과 함께 선물한다. 첫 발을 내딛는 순간 마음의 문이 활짝 열리는 것이다. 이것이 바로 '용기'이다. 여러분! 여러분도 과감하게 용기를 내어보라.

언제 어느 때 나에게 이와 같은 시련이 닥칠지 모른다. 인간은 한 치 앞도 내다 볼 수 없는 미약한 존재라고 한다. 내 앞에 닥친 인생을 긍정하면서 기쁨과 감사로 확실한 삶을 살아가보자.

농부가 농사를 짓기 위해서는 계절이 중요하다. 봄에 씨앗을 잘 선택해서 심어야 한다. 그리고 땅에 심고 나서 비가 적당히 내려야 씨앗이 싹을 틔운다. 정성스레 가꾸면 곡식은 무럭무럭 잘 자란다. 튼튼하게 자라면 주위에 잡초가 자라지 못하도록 한다. 농부의 피땀 어린 정성만큼 곡식은 잘 자란다. 낮에는 영양분을 끌어들이고 밤에 쉬는 사이에 무럭무럭 자란다고 한다.

농부가 잘 돌보지 않으면 곡식도 잘 자랄 수가 없다. 그대로 방치를 한다면 곡식도 한갓 잡초에 불과할 것이다. 계절이 바뀌고 가을이 되면 농부는 수확의 계절을 맞이하여 농부가 수고한 만큼의 대가를 얻는 것이다. 봄부터 가을까지 최선을 다해서 성실히 일을 했으면 그만큼 얻는 것이다.

인생살이도 마찬가지이다. 나의 삶을 내가 어떻게 가꾸며 살아가느냐에 달려있다. 열심히 심고 가꾸자. 젊었을 때 열심히 심어야 늙어서 거둘 것이 많다. '심는 대로 거둔다.' 이것은 불변의 진리이다.

옛날에 한 왕이 '어떻게 하면 백성들이 잘 먹고 잘 살 수가 있을까'를 고민을 하다가 학자들을 다 불러 놓고 "백성들이 잘 살 수 있는 방법을 책으로 만들어 오라"고 했다. 일 년이 되어 학자들이 12권의 책을 엮어서 왔다. 왕은 "바쁜데 언제 농사를 지으면서 그 많은 책을 읽느냐고 줄여오라"고 명을 내렸다. 6권, 다시 3권, 1권. 이것도 너무 많다 해서 줄이고 줄여 고민 끝에 한 줄로 줄였다. 내용인 즉 '세상엔 공짜는 없다.'

그렇다. '세상엔 공짜는 없다.' 무엇이든지 내가 노력한 만큼 결과가 나타나는 것이다. 주어진 시간에 최선을 다하며 노력을 해야 한다. 그래서 지금 이 순간이 중요하다.

금 중에서 제일 비싼 금은 무엇인가? 그것은 순금, 백금도 아닌 '지금'이다. 지금 이 순간에 만족하면서 최선을 다하는 것이 가장 행복한 순간이다. 힘 중에 가장 센 것은? 바로 '노력'이다. 여러분! 지금 이 순간 노력을 해보자. 먼 훗날 큰 결실을 얻을 것이다. 즐기면서 꿈을 향해 노력하는 모든 이들에게 행복을!

4. 웃는 날, 우는 날을 정해놓고 즐기자

웃음과 눈물은 삶을 살아가는 데 보너스로 받은 선물이다. 웃음은 필자의 삶에 많은 변화를 주었다. 활력소, 자신감, 건강, 긍정적인 마인드로 나의 삶을 풍성하게 해주었다. 필자는 강의를 하다가 긴장하거나 잊어버리면 그냥 크게 웃는 버릇이 있다. 아마 사람들은 왜 강사가 강의하다 저렇게 웃을까? 그 이유는 모를 것이다. 나만이 알고 있으니까. 웃다가 보면 다시 생각이 나서 얼른 강의를 진행한다. 이것도 필자의 노하우다.

사람들은 필자의 웃음소리를 들으면 백만불짜리 웃음이라고 한다. 강의를 들으면 본인들까지도 기분이 통쾌하단다. 처음에는 억지로 웃었는데 지금은 자연스러운 웃음으로 변했다. 그래서 인상이 바뀌고 운명까지 바뀌어서 재미있는 강의까지 하게 되었다. 얼마나 행복한 일인가?

옛날 같으면 여자가 하마 같이 입을 벌리고 이를 내밀고 웃으면 "헤프다 헤퍼! 교양이 없다"고 한마디씩 했을 것이다. 감사하게도 필자는 시대를 잘 타고난 것 같다. 지금 필자의 트레이드 마크는 바로 웃음이다. 그래서 그런지 아무리 웃어도 사람들이 이상하게 생각하지 않는다.

어느 장소를 가더라도 말은 잘 안한다. 그냥 경청만 한다. 그리고 무슨 말을 들어도 그냥 웃어준다. 그것도 소리 내서 시원하게 웃어준다. 그러면 상대방은 신바람이 나서 이야기를 더 잘한다. 필자는 그냥 웃는다. 이유도 없이. 이렇게 웃다가 보면 내 마음속이 시원해진다. 아주 통쾌하다. 웃음으로서 내가 치료를 받는다. 재미있다. 그냥 재미있다.

우리 민족은 기(氣)가 많은 민족이라고 한다. 신기, 바람기, 인기, 오기, 끈기, 푼수기. 그 중에 신기가 제일 많은 것 같다. 그래서 여기저기 신당을 모셔놓고 사람들의 고민을 해결해주고, 인생 상담을 해주고, 미래를 제시해 주면서 돈을 벌고 있다.

그 중에 필자는 푼수기가 아주 많이 있는 것 같다. 푼수기 있는 사람들은 돈에 대한 욕심이 별로 없다. 오늘부터 푼수기를 많이 키워서 행복하게 살아보자. 그래서 나는 또 웃는다. 복잡하게 살아가는 것이 싫다. 단순하게 그냥 살아가는 게 좋은 것 같다. 바보 이한분처럼! 하하하하.

●●● 마음을 비워야 한다

마음을 비우지 않으면 내 안에 아무도 들어올 수가 없다. 이것저것 가득 차 있으면 심신이 피곤해져서 이기지 못하고 병이 난다. 그래서 적당히 비워야 한다. 위가 적당히 비워있어야 때가 되면 음식도 들어가게 된다. 위가 가득 차 있으면 늘 소화도 안 되고 불편하다. 유리컵의 물도 적당히 마시고 버릴 줄도 알아야 한다. 이제부터 마음을 비우는 연습을 해보자.

욕심을 버리자. '욕심이 잉태한 즉, 사망을 낳는다' 라는 말이 있다. 주변에서 일어나는 사건들을 살펴보자. 살인, 자살, 스트레스, 고혈압, 뇌졸중 등의 원인은 욕심이다. 욕심도 적당히 버릴 줄 아는 사람이 건강하다. 욕심이란 나의 몸과 마음을 병들게 한다. 적당히 욕심을 버릴 줄 아는 사람이 건강한 사람이다.

그러나 더 많이 버릴 것이 있다. 바로 웃음이다. 많이 웃자. 웃는 것만큼 나의 삶을 윤택하게 해주는 것은 없다. 힘들 때 일수록 지난날 행복했던 추억들을 떠올리며 웃자. 그래도 이 세상에 살아있는 순간이 행복한 것이다. 웃음은 내가 버린 만큼 더 행복한 것이다.

인생을 가볍게 살자. 피곤하게 살아가는 사람들이 너무 많이 있다. 피곤한 사람들은 주변에 있는 사람들까지도 피곤하게 만든다. 같은 일을 하면서도 짜증나게 일하는 사람이 있다. 이왕 할 일이라면 주어진 일에 짜증내지 말고 즐기면서 하자. 인생은 길다면 길고 짧다면 짧은 것이다. 마음을 비우고, 욕심을 버리고, 많이 웃고, 인생을 가볍게 살아가자.

웃을 일이 없는가? 이제부터 한날을 정해놓고 이 날만이라도 목젖이 보일 정도로 박장대소하면서 실컷 웃어보자. 집, 직장도 좋고, 마음이 통하는 친구와 같이 웃는 것은 더욱 좋다.

웃음이란 여럿이 모여서 웃는 것이 혼자 웃는 것보다는 33배의 효과가 있다고 한다.

●●● 입을 크게 벌리고 웃으면서 손바닥을 자주 치자

웃음만큼 좋은 운동은 없다. 혈액순환과 소화가 안 되고, 가슴이 답답할 때 확실하게 해결할 수 있는 방법이 있다. 목젖이 보일 정도로 크게 웃으면서 30분만 박수를 치는 것이다. 시간을 내기 힘들면 틈나는 대로 해도 된다. 손바닥에 자극을 줌으로 인해서 혈액순환이 잘되고, 크게 웃음으로 인해서 스트레스가 발산되니 가슴이 시원하고 이보다 좋은 보약이 어디 있겠는가.

이 운동을 틈나는 대로 한다. 기력이 없어서 운동을 못하시는 분들도 할 수가 있다. 웃지 못하는 장소라면 박수만 신바람 나게 치면 된다. 대중교통을 이용 중이라면 주먹박수를 치고, 그것도 하기가 불편하다면 손을 비벼주고, 감싸주고, 손등을 긁어주고, 여러 가지로 해서 손에 자극을 주는 것이다. 치매 예방과 두뇌활동에도 많은 도움이 된다. 그러면 나도 모르게 건강해지고 행복해진다. 뭐니 뭐니 해도 혈액순환엔 신바람 나는 박장대소가 최고!

웃는 것 못지않게 우는 것도 참 중요하다. 눈물은 우리의 마음을 정화시켜준다. 마음이 울적할 때는 큰 소리를 내어서 실컷 울어보는 것도 도움이 된다. 인간의 마음을 치료하는 것은 웃음과 눈물이라고 한다. 건강한 사람이라면 웃음과 눈물을 적당하게 웃고 흘릴 줄 알아야 한다.

월 월급타서 웃는 날

화 화가 나서 우는 날

수 수줍게 웃는 날

목 목젖이 보이게 웃는 날

금 금방 웃고 또 웃는 날

토 토실토실 웃는 날

일 일 없어서 우는 날

※ 손바닥을 자주 쳐주시면 혈액순환에 아주 좋아요. 웃음을 곁들여서 하시면 200배의 효과를 봅니다. 참고하시고 틈나는 대로 손바닥을 자주 쳐주세요.

합장박수 (하하하하 웃으면서)

혈액순환 장애로 생기는 손발 저림, 신경통, 심장이 약한 사람에게 좋다. 열 손가락을 쫙 펴서 마주 대고 양손을 힘차게 부딪치며 박수를 친다. 10초에 60회를 치면 심장에 아주 좋은 효과가 있다. 이때 생기는 마찰 진동으로 손바닥의 14개 기맥과 345개의 경혈이 자극을 받아서 혈액순환에 효과적이다. 얼굴이 벌겋게 될 때까지 쳐라.

손바닥 비비기(하하하하 웃으면서)

합장박수를 친 손바닥을 그대로 힘껏, 빠르게 비비면 열이 나게 된다. 이때 그 손바닥을 어디든 아픈 곳에 1분씩 반복해서 대면 아픈 곳에 통증이 사라지고 치유도 되고, 피부도 예뻐진다.

손 감싸 주무르고 손목 털기

합장박수를 치고 손바닥 비비기를 한 후, 양손을 서로 주무르면 긴장된 손 근육을 풀어주고 부드럽게 된다. 그리고 아래위로 손목을 털어주고, 또 전후로 털어주면 손에 유연성이 생겨서 다음 박수를 치는 데 큰 도움과 효과가 있다.

손바닥 박수

손가락을 쫙 펴고, 약간 뒤로 젖힌 뒤, 손바닥만으로 박수를 친다. 손바닥만 부딪쳐서 박수를 치면 손바닥에는 오장육부가 있으므로 강하게 자극을 주므로 심장과 내장 기능, 특히 대장 활동에 탁월한 효과 있다.

손등 박수

한쪽 손등과 손가락 등을 다른 한 손으로 위에서 때리듯이 치기도 하고, 손등을 서로 맞대고 치기도 하는 박수이다. 양손을 번갈아 가며 손등을 친다. 이 박수는 특히 허리와 목을 강화시키며, 등과 척추 건강에도 효과가 있다. 요통이나 목 통증이 심하거나 평소에 허리를 많이 사용하는 일을 하는 사람들은 이 박수를 꾸준히 쳐주면 좋다.

주먹 박수

손가락 끝을 손목 가까이까지 주먹을 쥐는 것 같이 한 후, 양손을 손가락이 맞닿고, 손목부분도 맞닿으면서 치는 박수이다. 처음엔 손가락 뼈마디가 아프지만 익숙해지면 통증을 느끼지 않는다. 두통과 어깨 부위 통증 등의 예방과 치료에 효과적이다.

손가락 박수

양손을 마주 대고 손바닥은 뗀 채로 손가락끼리만 치는 박수이다. 손가락을 집중 자극하는 이 박수는 기관지를 자극해서 이와 관련된 질병 예방 및 치료에 효과적이다. 특히 코 부위가 좋지 않은 사람은 손가락 박수를 종종 쳐주면 아주 좋다.

손가락 끝 박수

양 손가락을 마주 대고 손가락 중에서 손가락 끝 부위만 댄 채로 박수를 친다. 손가락 끝만을 지속해서 자극을 주면 그 부위와 연결된 눈, 코, 팔, 다리, 간, 신장, 폐 등이 좋아진다. 시력이 안 좋은 사람, 만성 비염, 코감기에 자주 걸리거나 코피가 자주 나는 사람에게 효과가 있다. 또한 치매 예방에도 아주 탁월한 박수이다.

손목 박수

손목 끝 부분만 마주치는 박수이다. 이 부분은 방광과 전립선, 자궁을 자극하는 효과가 있으며 생식기 기능을 강하게 하여 정력증강에도 효과적이다. 오줌소태에 자주 걸리는 분들에게 치유의 효과가 있다.

꽃봉오리 박수

손끝과 손목을 서로 맞대고 꽃봉오리 모양을 만든다. 이 상태로 박수를 치면 손끝과 손목에 자극이 동시에 되므로 두 가지 효과를 낼 수 있다.

목뒤 박수 및 등 뒤 박수

양손을 얼굴 앞에서 치고 목뒤에서 치는 박수이다. 또 배 앞에서 치고 등허리 뒤에서 치는 박수이다. 어깨 부위의 근육과 옆구리 근육의 피로를 푸는 데 매우 효과적이다. 평소 자세가 좋지 않거나 운동을 하지 않아서 몸 전체가 뻣뻣한 사람에게 효과적이다. 처음에는 이 동작이 매우 불편하지만, 몇 차례 반복하면 곧 익숙해진다. 어깨통증 완화 효과 외에 어깨나 팔 부위에 군살이 많은 사람에게는 다이어트 효과도 있다.

잼 잼, 곤지 곤지, 짝짜꿍 짝짜꿍

옛날 어른들이 아기들에게 잼 잼, 곤지 곤지, 짝짜꿍 짝짜꿍 하고 놀이삼아 하던 것은 아기들의 성장 발육에 아주 지혜로운 놀이 운동이다. 잼 잼, 곤지 곤지, 짝짜꿍 짝짜꿍 하면 손안에 있는 경혈을 아주 많고, 크게 작용하므로 어린이의 신체 모든 기능이 좋아지고 지혜 발육에도 탁월한 놀이 운동이다.

귀 바퀴 잡고 돌이 돌이 하기

귀는 엄마의 자궁 속에서 아기가 웅크리고 있는 모습으로 귀에도 오장육부 신체의 모든 기능이 있기 때문에 자극을 주면 아주 좋은 효과가 있다. 귀 위 끝, 귀 바퀴, 귀 볼을 잡고 위로 아래로, 앞으로 뒤로 비비기도 하고, 잡아당기기도 하고, 손끝으로 귀 전체의 이곳저곳을 지압하면 자극이 되어 온몸에 혈이 통하고 기가 통하므로 피로도 풀리고 치유 효과가 있다.

양팔을 옆으로 벌리고 엉덩이를 흔들고 손 위 박수

양다리는 어깨 넓이로 벌리고 양손도 옆으로 벌린 상태에서 엉덩이를 빠르게 좌우로 흔들고 박자에 맞추어 머리 위로 박수를 치는 것이다. 이 박수는 뱃살과 옆구리 살을 자극하여 살을 빼주는 효과가 탁월한 박수이다.

엄지 볼 박수

엄지손가락 밑에 불룩한 곳끼리 마주 닿게 하고 손등이 거의 보이는 상태로 치는 박수이다. 이곳을 칠 때 아프면 간에 이상이 있는 분이 많으며, 간 기능을 좋게 한다.

손바닥 옆치기 박수

손바닥을 나란히 펴놓고 새끼손가락 밑 부분 손바닥끼리 닿게 하면 손바닥을 보게 된다. 이러한 상태로 치면 신장 기능에 효과가 좋은 박수이다.

웃음다이어트 박수

박장대소, 책상대소, 뱃살대소, 포복절도, 요절복통, 파안대소, 폭소, 홍소

기쁨과 감사를 생각하며 웃기

로또당첨, 시험합격, 상을 탔을 때, 아파트 당첨, 오랜 친구, 선물

●●● 화가 날 때 자신의 모습을 거울에 비추어보자

먼저 화내지 않으면 실수가 없고 함께 화내지 않으면 다툼이 없다. 우리 마음에는 기쁨, 사랑 같은 긍정의 씨앗과 미움, 절망

같은 부정의 씨앗이 있다. 어떤 씨앗에 물을 주어 꽃을 피울 지는 바로 자신에게 달렸다.

칭기즈칸이 사냥을 갔을 때의 일이다. 사냥을 마치고 나서 부하들을 먼저 보내고 숲길로 들어섰다. 팔목 위에는 그가 아끼는 매가 앉아 있었다. 매는 사냥감을 보면 날아올라 쏜살같이 낚아채 오곤 했다. 더운 날씨여서 목이 말랐다. 물이 있을 만한 곳을 찾아가던 중 바위틈에서 물방울이 떨어지는 것이 보여 말에서 내렸다. 사냥가방에서 은잔을 꺼내어 떨어지는 물방울을 모았다. 잔에 물이 어느 정도 찼을 때 마시려고 하자 매가 휙 하고 날아와 잔을 쳐버렸다. 물은 쏟아져버렸다.

칭기즈칸은 다시 물을 받기 시작했다. 그런데 이번에도 매가 덮쳐 떨어뜨렸다. 이런 일이 반복되자 칭기즈칸도 화가 났다. 이 녀석 가까이 있다면 목을 비틀어 버려야지. 이번에는 칼을 빼들고 잔을 입으로 가져가려 하는데 매가 다시 덤벼들었고 잔은 저만치 날아가 깨져버렸다. "에잇!" 칼이 허공을 가르고 매는 땅에 떨어졌다. 잔이 없어져 하는 수 없이 물이 나오는 웅덩이를 찾기로 했다.

어렵사리 바위에 오르니 물이 고인 곳이 있었다. 그런데 그 웅덩이 속에는 독사로 보이는 뱀의 시체가 있었다. 매가 내 생명을 구했구나! 칭기즈칸은 매의 시체를 사냥가방에 넣고 돌아오면서 느낀 점이 있었다. 화가 났을 때는 어떤 일을 해서도 안 된다는 것을. 화는 건드리지 않고 두면 작아지지만 건드리면 건드릴수록 더 커진다는 것을. 조금만 참으면 곧 잊혀지는 것이 마음속의 화이다.

화가 나고, 마음이 안 좋고, 부정적인 마음이 들 때 난 거울을 본다. 그리고 위로를 해준다. 한동안 위로를 해주면 거울에 비친 자신이 어느새 웃고 있는 것을 발견할 수가 있다. 그래서 나는 거울을 좋아한다.

●●● 거울은 나를 반성하게 만드는 요술쟁이다

거울은 나를 반성하게 만든다. 거울을 보며 하루의 일과를 반성하고 잘못한 것은 잘못했다고 하고, 잘한 것은 잘했다고 칭찬도 해준다. 거울은 조금의 거짓도 없이 나를 솔직하게 표현해 준다. 그래서 나는 거울을 자주 본다. 내 마음을 관찰을 할 수도 있으니까 말이다.

하루의 일과를 마치고 나면 거울을 바라본다. 그리고 거울에
있는 나와 많은 대화를 나눈다. 정말 행복한 시간이다. 이러한
대화가 나를 정신적으로 성숙하게 만들어 준다.

성공하고 싶다면 먼저 표정을 바꾸어보자. 나는 음식을 만들다가도 거울을 보고, 책을 읽다가, 음식을 먹다가, 텔레비전을 보다가, 앉아 있다가도 수시로 거울을 자주 본다. 얼굴은 칠천여 가지의 표정을 만들어낸다고 하며 어린아이는 오만가지의 표정을 만든다고 한다. 그만큼 순간순간 감정의 변화에 따라서 표정이 바뀌기 때문이다. 얼마나 놀라운 사실인가.

거울을 보면서 얼굴 근육을 이리저리 움직여서 나한테 맞는 표정을 만들어 본다. 그러면 나한테 맞는 이미지가 나온다. 반대로 비호감의 표정도 지어본다. '이런 표정은 사람들이 싫어하겠지. 그렇게 하면 안 되겠구나. 그래 이왕 표정 연기하는 것, 사람들에게 호감을 줄 수 있는 표정을 지어야지' 하고 나름대로 연구해보자.

거울을 수시로 보면서 '지금 나의 표정은 어떤 모습일까' 연구해 보면 거울이 당신에게 어울리는 표정을 만들어줄 것이다. 나한테 맞는 표정으로 승부를 걸어보자. 지금 당장 거울을 바라보자. 거울을 보면 지금 나의 상태가 보인다. 힘들어하는지, 즐거워하는지, 근심이 있는지, 괴로운지, 짜증나는지, 스트레스가 쌓여있는지, 행복한지 있는 그대로 보여준다. 활짝 핀 함박웃음 꽃이 내 마음을 풍요롭게 해줄 것이다. 그냥 억지로라도 웃어보자! 호호호, 하하하, 히히히, 헤헤헤, 후후후.

●●● 손바닥 거울을 자주 이용하자

필자는 거울이 없으면 손바닥을 이용한다. 손바닥을 쫙 펼치고 바라보며 웃어본다. 힘들 땐 손바닥 거울을 바라보고 나에게 용기를 내라고 힘을 북돋워준다. 그러면 어느새 나의 얼굴에 미소가 번지는 것을 발견한다. 아마 이런 이야기를 하면 사람들은 '정신 나간 사람이 아닌가, 이상한 사람이 아닌가' 하고 생각할지 모른다.

이런 짓도 푼수들이나 하는 것이다. 푼수들은 재미있게 살아간다. 아마 정상인보고 손바닥 거울을 자주 보라고 하면 '저 사람 미쳤나? 이상하다' 할 것이다. 그런 사람들은 재미가 없다. 어린아이의 마음이 없기 때문이다.

미친 척하고 한번 따라해 보자! 거울아, 거울아. 이 세상에서 누가 제일 예쁘니? 하하하. 이한분이가 제일 예쁘지! 호호호호.
정말 제가 예쁜가요?

5. 스트레스를 친구삼아 즐기자

현대인에게 있어 스트레스는 만병의 근원이라고 한다. 적당한 스트레스는 나에게 도전하고 싶은 욕망을 줄 수도 있다. 그러나 과도한 스트레스는 심신을 병들게 하고, 피곤하게 하며, 무기력하게 만든다. 스트레스는 그날그날 풀어야 건강하다. 이제는 스트레스를 친구삼아 즐기다 통쾌하게 날려버리자.

스트레스를 푸는 방법은 웃음, 수다, 노래, 운동 등이 최고다. 스트레스가 쌓인다 생각하면 박장대소하면서 크게 웃어보고, 노래도 신나게 불러보자. 그러면 스트레스가 멀리 도망갈 것이다.

스트레스를 풀 때, 배터지게 먹는 사람이 있다. 필자도 한때는 먹는 것을 통해서 풀었다. 아무리 먹어도 배가 부르지 않고 계속 입에 무언가를 달고 사는 날이 많았다. 그리고 강의를 가는 날, 배에 힘을 잔뜩 주고 걷는다. 무지하게 힘들다. 그래도 어떻게 하겠는가. 옷에 몸을 맞추어야 하는데. 그리고 집으로 돌아오며 결심한다. '지금 당장 다이어트에 들어가야지' 하고 결심은 하지만 유혹의 손길이 너무 많아 굉장히 힘들다. 매일매일 나는 365일 다이어트 중이다. 실패를 해도 매일한다. 그것도 마음으로만! 하하하하.

어느 날 보면 체중이 늘어서 옷의 허리둘레가 맞지 않고 다시 스트레스를 받아 또 먹어버린다. 먹는 것으로 스트레스를 푸는 것은 잠깐의 스트레스를 해소하는 데는 효과가 있지만 후에 더 큰 스트레스가 몰려올 수 있으니 주의를 요하는 유형이다.

●●● 잠으로 모든 것을 잊겠어요

스트레스를 받으면 무조건 잠을 자는 사람이 있다. 하지만 이

렇게 하면 사람이 무기력해지므로 조심해야 한다. 한꺼번에 몰아서 너무 많이 잠을 자면 신체리듬이 엉망이 되어 멍한 상태가 될 수 있으니 적정한 수준으로 잠을 청할 것을 권장한다.

'먹자 먹어, 배터지게 먹어 버리자' 유형과 '잠으로 모든 것을 잊자' 유형은 사촌지간이다. 혹시 이 두 가지로 스트레스를 푸는 분들, 지금 당장 다른 방법을 찾아야 한다. 적당히 먹고, 적당히 자는 것이 중요한데 이 '적당히'란 아주 어려운 것이다.

●●● 놀자! 음주가무 실컷 즐기며

TV 드라마나 영화, 주변사람을 보면 스트레스, 혹은 화가 날 때 남녀노소를 막론하고 술을 마시는 장면을 많이 볼 수가 있다. 그만큼 많은 사람들이 음주를 스트레스 해소방법으로 애용하고 있다는 것이다.

정말 다행이다. 내가 술을 좋아했다면 사건이 많이 일어났을 것이다. 초등학교 3학년 때의 일이다. 우리 집은 담배농사를 지었다. 학교 끝나고 집에 도착했는데 엄마가 들에서 일하는 일꾼들에게 막걸리를 새참으로 가져다 드리라고 하신다. 그래서 동생이랑 둘이서 심부름을 갔다.

집으로 돌아오는 길에 동생이 "주전자에 막걸리 남은 것을 손으로 찍어먹으니 달짝지근한 게 맛이 좋다"고 한다. 그래서 어른들 안 보게 그늘진 담배 밭에 숨어서 막걸리를 먹어보았다. 처음에는 손으로 찍어먹다가 나중에는 공기에 따라 마셨다. 달짝지근한 것이 얼마나 맛있는지 남은 술을 둘이서 주거니 받거니 한숨에 다 들이마셨다.

목에서 넘어갈 때는 괜찮았는데 그 다음부터가 문제였다. 집에 가려고 일어서는데 몸이 말을 안 듣는다. 걷지를 못하고 술이랑 씨름을 하다 그만 밭고랑에서 잠이 들어버렸다. 시간 가는 줄 모르고 단잠을 잤다. 얼마나 잤을까? 꿈인지 생시인지 어디선가 우리 이름을 부르며 돌아다니시는 어르신들과 아이들의 목소리가 귓가에 들려오는 것이었다. 벌떡 일어나 주위를 살펴보니 동생이 옆에서 자고 있었다. 자는 동생을 깨웠다. 머리도 띵하니 무겁고 정신이 몽롱했다. 밭에서 뒹굴며 잤으니 가관이 아니었을 것이다.

어두운 밤이라 주변이 어두워 갑자기 무서운 생각이 들었다.

동네에서 애들이 둘이나 없어졌다고 난리가 난 것이다. 얼마나 무서웠던지 우리는 손을 잡고 막 울면서 집으로 돌아왔다. 부모님께 자초지종을 말씀을 드렸다. 걱정하시던 동네 사람들 모두 웃고 난리가 났다.

할머니께서 하시던 말씀이 지금도 기억에 생생하다. 담배 밭에서 뒹굴고 돌아온 손녀딸을 끌어안고 술이란 놈이 우리 손녀들을 담배 밭에서 잠을 자게 해놓다니 망할 놈, 죽일 놈, 몹쓸 놈이라고 하시던 말씀이 지금도 기억난다. 그 일로 인해 지금까지도 술은 안 마신다. 그러나 동생은 술을 잘 마신다. 이제 술을 좀 배우려 조금씩 연습을 하는 중인데 나이 들어 하려니 잘 안 된다. 하하하하. 소주 한잔이 필자의 주량이다.

음주가무로 스트레스를 해소하려는 사람들이 의외로 많다. 이 방법은 그 순간에는 모든 것을 다 잊는 것 같지만 지나치면 오히려 몸에 혹독하게 스트레스를 주는 방법이다. 적당한 음주와 가무를 통해 스트레스를 해소하는 방법을 잘 가려서 선택해야 한다. '적당히'란 세 글자를 늘 가슴에 기억하자.

아 있는 할아버지 옆에 담당 간호사가 다가가서 이야기를 한다. 할아버지는 나이에 비해서 젊으신 것 같은데 그 비결이 무엇이냐고 묻자, "비결은 없어. 하루에 담배 다섯 곽 피우고 소주 다섯 병을 마시는 것. 그것이 비결이야. 그리고 내 나이 이제 29살이야." 담당 간호사 왈, "네?" 〞

●●●● 스트레스 해소에는 수다가 최고입니다

여자들이 남자들보다 오래 사는 이유는 수다를 많이 떨기 때문이다. 그래서 7~8년을 더 많이 산다고 한다. 여자들은 말하는 재미로 산다고 해도 과언이 아니다. 수다는 나눌수록 재미있다. 나도 그 중에 한 사람이다. 마음 맞는 친구 한 명만 있어도 시간 가는 줄 모르고 밤새도록 이야기를 나눈 적이 한두 번이 아니다.

어렸을 적에는 할머니가 들려주시던 구수한 옛날이야기를 들으며 혹은 친구네 집에 삼삼오오 모여 밤새워 이야기를 나누던 기억이 난다. 밤이 하얗게 새도록 무슨 할 말이 그리 많은지. 그래도 재미있었다. 지금은 밤새워 가면서 수다를 떨 사람도 없다. 다들 바쁘고 밤새워 수다를 떨면 피곤해서 내일 일에 지장을 줄까봐 일찍 잠을 자야 된다고 한다. 나이는 못 속이는가 보다.

이런 일이 있었다. 초등(국민)학교 5학년 때이다. 지금 생각하면 극성맞다고나 할까? 친구들은 모여서 이야기하는 것을 유난히 좋아했다. 어느 날 여름, 친구들이 "학교에서 잠을 자자"고 제안을 했다. 이유는 학교에서 소사(경비) 일을 보시는 아저씨가 밤 12시가 되면 학교에 처녀귀신이 꼭 나타나서 이런저런 일이 일어난다고 하는데, 귀신을 만나보자. 이것이었다. 정말인가 아닌가를 확인해 보기 위해서. 우리는 학교 수업이 끝나고 몇 명이 모여서 의논한 끝에 열 명이 찬성을 했다. 오늘 저녁에 학교에서 잠을 자자고 말이다.

집에 가서 저녁을 먹고 나서 체육복으로 갈아입고, 양초를 준비하여 저녁 8시까지 학교 정문에서 만나기로 했다. 밤이 되어서 한두 명씩 모였다. 생각만 해도 신나는 밤이었다. 소사 아저씨한테 들킬까봐 살금살금 창문을 넘어서 교실에 모였다. 그리고 잠자리를 만든다고 책상을 다 붙여 놓고, 옹기종기 책상위에 모여앉아서 옛날이야기를 하고, 공기놀이, 쎄쎄쎄, 말 타기 게임 등 얼마나 재미있었는지 안 해본 사람은 그 즐거움을 모를 것이다. 크게 웃지도 못하고 이를 악물고 참아가면서. 소사 아저씨한테 들키면 집으로 돌아가야 한다. 자정이 가까울수록 우리는 초조한 마음으로 기다리고 있었다. 밤 12시가 되면 귀신이 나타나서 돌아다닌다고 했으니, 숨을 죽여가면서 기다리는 순간이다.

밤 12시가 다 되어 가는데 어떤 아이는 무섭다고 우는 아이도 있고, 재미있다는 아이도 있고, 중요한 것은 한 아이가 무섭다고 울어대니까 한 명, 두 명, 세 명……. 나중에는 모인 아이들이 모두 울어대니 교실이 온통 울음바다가 되었다. 청개구리가 울어대는 것처럼. 그렇잖아도 소사 아저씨한테 들킬까봐 조심해야 하는데 그것도 잊어버렸다. 시간이 얼마나 흘러갔는지 모른다.

그 순간 희미한 불빛, 복도에서 조심조심 걸어오는 발자국 소리에 우리는 모두가 일제히 숨을 죽이고 긴장감속에 귀를 쫑긋 세우고 가만히 듣고 있었다. '이제는 전설 속에서 듣던 귀신이 현실로 나타나는가?' 하고 기대를 하면서 긴장감속에 있었다.

누군가 교실을 향해서 걸어오고 있는 것은 분명했다. 더 가까이 교실을 향해서 말이다. 우리는 더욱더 긴장을 하고 정신을 바짝 차리고 귀를 기울이고 분명 누군가의 소리에 아무 말도 못하고 서로의 눈만 바라보고 있었다. 그 순간 불빛은 더 가까이 다가오고 발자국 소리도 더 가까워지는 것이었다.

발자국 소리와 불빛이 교실까지 도착을 하자 누군가가 플래시

불을 비추어가면서 말씀을 하신다. "거기 누구시오? 사람이면 빨리 나오시오. 귀신이면 물러가시고……." 분명 사람이 겁에 질려 말도 제대로 못하면서 덜덜덜 떨리는 목소리. 그러나 가만히 들어보니 많이 듣던 목소리였다. 분명 소사 아저씨의 목소리였다.

그때 한 아이가 갑자기 막 우는 것이었다. "아저씨, 우리예요." 그 순간 너나할 것 없이 거기 모인 아이들이 모두 엉엉 울었다. 아저씨가 문을 열고 들어오시더니만 깜짝 놀라신다.

"너희들, 여기서 뭐하는 것이냐? 이게 무슨 짓이야!" 하시면서 야단을 치신다. 아저씨는 "나 참, 세상에 살다 살다 별일이다" 하시면서 투덜대신다. 우리는 정신을 차리고 "아저씨, 이 밤중에 왜 오셨어요?" 하고 물었다. 아저씨께서 말씀하시기를 자다가 잠결에 아이들의 울음소리에 놀라 울음소리 나는 곳을 향해서 교실로 왔다는 것이다. 그날 밤 정신을 차리고 난 후에 아저씨한테 우리는 엄청나게 혼났다. 소사 아저씨는 애들 귀신이 우는 줄 알고 놀라셨고, 우리는 진짜 귀신이 나타났는지 알고 놀랐다. 그래도 천만다행이었다. 서로가 귀신이 아니어서 말이다.

교실에서 날이 밝기를 기다렸다가 동이 트자 집으로 가서 아침을 먹고 학교에 왔다. 그날 아침에 소사 아저씨가 담임선생님께 말씀을 하셨다. 그리고 학교에서 잠을 잔 학생들 앞으로 나오라고 하신 다음, 야단을 치시고 벌을 주었다. 그 일로 한 달 동안 교실과 화장실 청소를 하게 되었다. 그 후론 두 번 다시 학교에서 잠을 자자는 간 큰아이는 없었다. 지금도 초등학교 때의 친구를 만나러 풍기를 가면 둘이서 한 이불 덮고 자면서 학교에서 잤던 이야기를 한다. 밤이 가는 줄도 모르고 수다를 떨면서.

21세기에는 수다의 복을 많이 받아야 건강하다고 한다. 실컷 웃으며 떠들다 보면 스트레스는 저절로 사라진다. 쌓인 스트레스를, 친구와 수다를 떠는 것처럼 함께 즐기다가 한방에 웃음으로 통쾌하게 날려버리자. 팍! 통쾌하게, 시원하게 말이다.

●●● 나만의 취미생활을 즐기자

자기만의 취미생활은 하나씩 가지고 있어야 한다. 취미생활은 자신을 성장하게 만들고 여가시간이 있을 때 시간을 헛되게 보내지 않고 소중하고 보람된 시간을 보내게 한다. 가족, 혹은 부부간에도 같은 취미를 갖게 된다면 부부의 정도 돈독해질 것이다. 이제는 내가 어느 분야에 관심이 있는지, 좋아하는 것은 무엇인지, 내가 하고 싶은 것은 무엇인지 생각을 해보자.

　나만의 취미를 찾아내어서 취미생활을 하다 보면 나중엔 관심 있는 분야에 전문가가 될 수도 있다. 글을 쓰는 취미가 있으면 자신의 생각과 마음을 글로 표현하자. 노래가 취미라면 노래방에 가서 소리를 질러보자. 오랜 시간이 흘러가면 가수로 변신해 있을 줄도 모르는 것이다. 춤이 취미라면 음악을 틀어놓고 마음 가는 대로, 몸 가는 대로 흔들어보자. 여행이 취미라면 혼자서 잠시라도 여행을 떠나보자. 나만의 취미생활을 개발해서 톡톡톡 즐겨보자.

●●●● 남(남편, 아내, 가족)에게 너무 의존하지 말자

상대방에게 너무 의존하다 보면 오히려 스트레스 받는 일이 더 많다. 그렇기 때문에 인간은 나이를 먹어가면서 홀로서기를 더 잘해야 한다. 이제는 홀로 노는 방법을 터득해야 한다. 혼자 여기저기 놀러 다니고 즐겁게 보내야 한다. 상대방에게 너무 의존하지 않고 홀로서기를 잘하는 사람이 스트레스도 적게 받는다.

자식, 남편, 아내, 친구 등 그 누군가에게 적당히 의지를 해야 한다. 남에게 너무 의지하다가 그 부족한 것을 채우지 못하면 늘 불평불만을 하게 되어 있다. 기대가 크면 클수록 실망도 커질 수밖에 없다. 인간관계를 망치는 3대 요소는 기대, 필요, 질투이다. 즉, 기대했다가 실망하게 되고, 요구만 하면 욕심이 생기고, 그것이 충족되지 못할 때 질투하고 원망하게 되는 것이다.

이러다 스트레스, 우울증까지도 생긴다. 이제는 혼자서 노는 방법도 배우고 혼자서 즐기는 방법도 배우자. 진정한 행복은 내가 스스로 만들어가는 것이다. 그럴 때 진정한 행복의 맛을 누릴 수가 있다.

> ❝"자연은 고향이요, 어머니요, 소꿉친구이며, 영원한 안식처이다." – 이한분 –❞

고향이 그립고 엄마가 보고 싶고 친구가 보고 싶으면 자연을 찾아간다. 유일한 나의 안식처이다. 자연을 좋아하는 사람은 필자의 마음을 잘 알 것이다. 그리고 진정으로 자연을 좋아하는 사람들 중에는 나쁜 사람들이 없는 것 같다. 자연을 소중히 여기지 않는 사람들은 자연을 좋아하는 것이 아니라 그냥 자연을 찾아온 사람들이다.

필자는 뒷동산을 자주 찾아간다. 내가 살고 있는 아파트 바로 뒤에는 야트막한 산이 있다. 창문을 열면 바로 산바람이 시원하게 불어온다. 자연이 주는 신선한 공기는 돈으로도 살 수 없다. 그러나 우리는 늘 자연으로부터 공짜로 받고만 있다. 그 보답으로 자연을 잘 보살피고 가꾸어야 하는데 오히려 자연을 훼손하는 사람들이 얼마나 많은지 모른다. 이것은 영원한 안식처를 배반하는 것이다.

자연을 자주 바라보면 감성의 뇌가 자극되어 감성이 풍부해지며 저절로 감탄사가 나온다고 한다. 반대로 도시환경에서는 짜증이 나고, 불안해하고, 스트레스가 많이 쌓인다. 이것은 이성적인 뇌가 작용하기 때문이란다.

자연은 나를 성숙하게 만들어 주며 성장시켜 주었다. 필자는 가끔씩 자연을 혼자서 찾아간다. 그리고 스트레스에 정신적으로 힘들어하는 사람을 만나면 자연을 찾아가보라고 권한다. 이것만큼 좋은 보약은 없을 것이다. 힘들면 자연을 찾아가 보아라. 따뜻하게 위로해 주고, 편안한 안식처가 되어 줄 것이다.

자연은 내가 찾아가야 한다. 왜냐하면 자연은 늘 그 자리에서 나를 반겨주기 때문이다. 그래서 두 발 가진 내가 꼭 찾아간다. 산에 오르면 제일 먼저 하는 일이 있다. 내 품에 쏙 들어오는 나무를 찾아서 꼭 안아 주며 가만히 귀를 대고 느껴본다. 나의 심장소리와 일치가 되어 나의 마음을 편안하게 해준다.

그런 후에 나는 안부 인사를 하고 이야기를 나눈다. 속상하면 신세한탄도 하고, 울기도 하고, 웃기도 하고, 어리광도 부리고, 세상의 재미있는 이야기도 들려준다. 나무도 나에게 이야기를 해준다. '그래, 세상사 다 그런 것이야. 너무 힘들어하지 마라, 실컷 울어라, 실컷 웃어라, 신경 쓰지 마라, 스트레스 받지 마라'라고 위로해 준다. 자상하고, 포근한 엄마의 품처럼 말이다.

●●● 길가의 돌과도 이야기를 나누어 보아라

길가의 돌은 사람들의 발끝에 수없이 차이면서 아무데나 뒹굴다가, 머무는 곳에서도 아무 말이 없다. 나도 화가 나면 길가에 있는 돌한테 화풀이를 지금도 한다. 아무 잘못이 없는 돌에게. 그래도 아무 말 없이 반겨준다. 차이면 차이는 대로, 굴러가면 굴러가는 대로 말이다. 그래도 아무 반응이 없다.

초등학교 때 엄마한테 준비물을 사야 한다고 말씀을 드리니 돈이 없다며 다음에 사라고 하신다. 당장 없는 돈이 어디서 나오겠는가. 그냥 집에서 씩씩 거리면서 나온다. 그리고 학교 가는 길에 화가 나 길에 있는 돌을 발로 툭툭 차면서 애매한 돌에게 화풀이를 했다. 지금 생각해 보면 그때 돈을 못주는 엄마의 심정은 오죽했을까. 내가 부모가 되어서야 그 마음을 알 것 같다. 그 당시는 돌도 화풀이 대상으로 쓰였던 시절이 있었다. 그 돌을 축구공처럼 뻥하고 차버리면 왠지 마음이 시원하게 풀렸다.

길거리의 돌을 손바닥에 올려놓고 이야기를 나누어보자. '돌아! 지금은 비록 작은 사람이지만 어느 누구의 눈에 발견이 되면 나도 큰 사람이 되어 사회에서 큰 역할을 할 수 있을까? 잘 될 거야. 잘 될 거야.' 혼자서 중얼 거려본다. 이렇게 자연과 이야기를 나누면 너무나 행복하다. 그 순간만큼은 가식이 전혀 없다. 잘 보이려고 할 필요도 없고, 있는 그대로 나를 표현하면 되는 것이다. 어린아이들이 혼자 놀면서 동물과 대화를 나누거나 소꿉놀이를 할 때 꾸며서 이야기하는 일은 없다. 남을 전혀 의식하지를 않는다.

그래서 나는 순수한 마음을 갖고자 자연과 멋진 이야기를 나누는 것이다. 그 순간만큼은 얼마나 행복한지 모른다. 이 세상에서 얻지 못하는 행복을 자연에서 얻을 수 있다니 얼마나 감사한 일인가. 창문도 활짝 열어놓고, 대문도 활짝 열어놓고, 마음의 문도 활짝 열어보자.

●●● 산책을 즐겨보자

나는 산책을 자주한다. 강의를 다니면서 휴게소에서 산책을 할 때도 있다. 산책을 할 때는 모든 것을 다 내려놓고 자연과 만나는 것이다. 세상일과 생각을 잠시 뒤로하고, 휴대폰도 놓고, 무거운 짐도 내려놓고, 아주 편안하고 가벼운 마음으로 산책을 하는 것이다. 아무 생각 없이 한 발, 한 발 땅을 밟으면서 느껴 보는 것이다. 얼마나 행복한지 모른다.

땅의 기운도 느껴보고, 스쳐가는 공기도 느껴보고, 그 순간만 큼은 아무 생각 없이 그냥 걷는 것이다. 걷다 보면 생각이 떠오 른다. 문득문득 떠오르는 아이디어들이 나를 성숙하게 만든다. 그저 감사할 따름이다. 날아가는 새들도 만나보고, 흘러가는 구 름도 만나보고, 늘 낮은 곳에서 열심히 일하는 개미도 만나보고, 높은 곳을 나는 독수리도 만나보자.

자연은 나에게 상처를 주지 않는다. 자연은 내가 사랑한 만큼 나를 사랑한다. 자연과 더불어 산책을 하면 나를 정서적으로 성 숙하게 만든다.

6. 이 순간에 감사하며
자신을 사랑하자

살이 쪄서 투덜대는 것은, 내가 잘 먹고 잘 살고 있다는 것이니 감사하라.

방안에 누워서 덥다 하는 것은, 나에게 집이 있다는 것이니 감사하라.

주변에 주차장이 없어서 불편하다면, 나에게 차가 있다는 것이니 감사하라.

전기료와 난방비가 많이 나왔다면, 따뜻하게 살고 있다는 것이니 감사하라.

세탁물 청소할 일이 많다면, 가족이 있다는 것이니 감사하라.

아침 새벽 자명종 소리에 놀라 깼다면, 내가 살아있다는 증거니 감사하라.

일할 때 힘들고 짜증난다면, 일자리가 있다는 증거니 감사하라.

아내(남편), 자녀가 화나게 만든다면, 가족이 있다는 증거니 감사하라.

세금이 많이 나와서 힘들다고 할 때는, 돈을 많이 벌었다는 증거니 감사하라.

'감사'는 계절과 장소가 필요치 않고 어느 곳, 어느 때나 캐낼 수 있는 따뜻한 보물이다. 좋은 쪽만 바라보고 밝은 쪽만 바라보자. 우리 몸에 감사의 프로그램을 입력시키자. 감사의 힘은 우주에 존재하는 가장 효과적인 에너지 가운데 하나다.

어떤 처녀가 반지를 잃어버리고 집에 와서 불평을 하고 있었다. 그녀는 반지 한 개를 잃어버림으로써 모든 것을 다 잃은 듯 끊임없이 원망을 쏟아놓았다. 이런 딸을 본 어머니가 웃으면서 이렇게 말했다.

"얘야, 손가락을 안 잃어버린 것을 감사해라. 네 손가락은 그대로 있잖니. 손가락마저 잃어버렸으면 어떡할 뻔했니? 반지야 다시 살 수 있지만 손가락은 살 수 있겠니?"

모든 음식에 소금이 들어가야 맛이 나듯이 모든 일에 감사가 들어가면 형통한다. 감사는 마치 전기와 같다. 전기는 단순히 어둠을 물리치는 데만 이용되는 것이 아니라 희망을 준다.

●●● 생명에 대한 감사를 해보자

내 심장은 하루에 자그마치 10만 3,689번을 뛴다. 몸속의 혈액은 놀랍게노 하루에 1억 6,800만 마일을 달린다. 그리고 내가 하루에 숨을 몇 번이나 쉬는가 하면 무려 2만 3,040번을 쉰다. 내가 무슨 수고를 해서 심장이 그렇게 많이 잘 뛰어주고 내가 달리라고 해서 혈액이 그 먼 거리를 달려주는 것이 아니다.

또 내가 아무런 수고를 안 해도 나의 폐는 호흡을 해준다. 이 모든 일에 약간의 차질만 와도 나의 생명에는 금방 이상이 오는 것인데 내가 아무런 수고도 하지 않고 생각조차 안 해도 그처럼 여러 번 심장이 뛰어주고 폐가 호흡을 해주니 내 생명을 지으시고 지탱해 주시는 하나님께 감사를 드릴 뿐이다. 생명에 대한 감사는 당연한 것인데 우리는 당연한 것을 매일 잊어버리고 사는 게 문제다.

사람들은 자신에 대해서 끝도 없이 불평한다. 이런 생활이 지속되면 내 몸이 어느새 나도 모르게 병들어 간다. 아침에 일어나자마자 호흡을 하고 있으면 감사하다고 하자. 이것이 첫 번째 감사의 조건이다. 이것저것 따지지 말고 지금 이 순간 호흡하고 있다는 그 자체에 감사를 하자.

어느 날 강의가 끝날 무렵에 아랫배가 갑자기 단단해지면서 아프기 시작했다. 가스가 차오르는 듯했다. 헛배가 부르면서 얼마나 거북한지 모른다. 강의를 마치고 부랴부랴 걸어가고 있는데 갑자기 방귀가 주인의 허락도 없이 막 터져 나오는 것이다. 다행히도 지나가는 사람이 아무도 없었다. 한동안 방귀가 나오더니 아랫배가 얼마나 시원한지 모른다. 이때 방귀가 얼마나 감사한지. "방귀야, 고마워. 고마워!" 감탄사가 저절로 나왔다.

나만의 '감사의 목록'을 적어보자. 남편(아내), 자녀, 시부모님, 친정부모님, 친구, 동료 등 주위에 있는 사람들의 단점만 찾을 것이 아니라, 감사할 조건을 찾아보는 것이다. 감사의 조건을 찾다 보면 주위에 있는 사람들이 다 소중한 사람들이라는 것을 깨달을 수 있다.

살아가면서 하는 고민 중에 정말 고민할 걱정은 4%밖에 안 된다고 한다. 96%는 이미 지나간 일, 쓸데없는 걱정, 앞으로 다가올 걱정거리라고 한다. 모든 것은 생각하기 나름이며 세상만사 마음먹기에 달려있다는 것만 기억하자.

어떤 아버지와 아들이 목회를 하는데, 한집에서 살았다. 하루는 아들이 들어오면서 조금 이상한 듯하면서 상기된 목소리로 아버지에게 말했다

아버지 : 무슨 일이 생겼느냐?

아들 : 어떻게 그럴 수가 있을까요? 하나님께 정말, 정말 감사해요.

아버지 : 그래? 어서 말해 보아라.

아들 : 오늘 교회에서 집으로 오다가 차가 일곱 바퀴나 굴렀어요. 그런데 상처 하나 없이 이렇게 말짱해요.

아버지 : 나는 너보다 훨씬 더 감사하다.

아들 : 아버지는 여덟 바퀴 굴렀나요?

아버지 : 아니다. 나는 한 바퀴도 안 굴렀다.

●●● 먼저 용서하자

진정한 사랑은 남을 용서하는 데서 비롯된다. 내가 진정 미워하는 사람이 있다면 용서를 먼저 구해보자. 그리고 나를 용서해보자. 그러면 내 몸이 웃고 있는 것을 발견할 것이다.

우리는 육체적인 건강 못지않게 정신적인 건강이 중요하다는 것을 잘 알고 있다. 몸과 마음은 하나이다. 몸이 아프면 마음도 아픈 것이고, 몸이 즐거우면 마음도 즐겁고, 몸이 슬프면 마음도 슬픈 것이다. 또 몸이 울면 마음도 우는 것이다. 용서하는 마음을 먼저 배우자. 그래야 내가 편하다.

●●● 먼저 미소를 지어보자

웃음의 기본인 미소는 노력을 해야 한다. 미소 띤 얼굴이면 언제든지 웃을 준비가 되어 있는 사람이다. 이런 사람은 언제 어느 때든지 통쾌하게 잘 웃는다. 그러나 미소가 없는 사람은 웃을 준비가 되어 있지 않은 사람이다. 이런 사람은 남들이 시원하게 웃고 있을 때 비웃으면서 웃고 있다. 얼마나 꼴불견인가.

당신은 어느 쪽을 선택할 것인가? 현명한 사람이라면 미소를 선택할 것이다. 이왕이면 다홍치마라고, 웃고 죽은 돼지가 값도 더 많이 나간다는 말도 있는데. 평상시에 많이 웃고, 틈나는 대로 웃는 연습을 하자. 웃자, 웃자, 웃자, 웃자. 빙그레처럼!

1. 머리가 있다는 것은 내가 생각을 하고 있다는 것이니 감사하라.
2. 머리카락이 있다는 것은 멋을 창조할 수 있으니 감사하라.
3. 눈이 있다는 것은 내가볼 수 있다는 것이니 감사하라.
4. 코로 호흡을 하고 있다는 것은 내가 살아있다는 증거이니 감사하라.
5. 얼굴에 웃음이 있다는 것은 삶의 여유가 있다는 것이니 감사하라.
6. 하고 싶은 말을 한다는 것은 입이 있다는 것이니 감사하라.
7. 잘 듣고 있다는 것은 귀가 있다는 것이니 감사하라.
8. 무엇인가를 만든다는 것은 손이 있다는 것이니 감사하라.
9. 걸을 수 있다는 것은 다리가 튼튼하다는 것이니 감사하라.
10. 이 모든 것을 부모님께서 주신 것이니 그냥 무조건 감사하라.

— 내 몸 사랑 감사하기 십계명 (이한분)

'신체발부(身體髮膚)는 수지부모(受之父母)'요. 내 몸은 내 것이 아니다. 부모님께 받은 것이다. 그래서 내 몸이 상하지 않게 잘 돌봐야 하는 것이다. 요즈음 자기 자신의 몸을 학대하는 사람들이 너무 많다. 어린아이들에서부터 노인에 이르기까지. 정말 무서운 일이 아닐 수 없다.

이제는 몸의 소중함을 바로 알자. 내 몸 건강히 잘 지키는 것도 부모님께 효도하는 것이다. 내 몸을 바로 알고, 나 자신을 바로 알고, 내 몸과 멋진 사랑을 해보는 것이다.

머리를 어루만지면서 '머리야, 고마워. 네가 있어서 내가 바보라는 소리를 안 듣고 얼마나 좋은지 모르겠다. 머리칼도 고맙다. 네가 머리에 달려있으니 파마도 하고, 짧은 머리도 하고, 염색도 하고, 마음껏 멋도 부릴 수 있어서 정말로 좋다. 눈썹아, 고맙다. 네가 있어서 진짜 좋다.

눈아, 고마워. 두 눈 이 있어서 보고 싶은 세상 구경도 하고 얼마나 좋은지. 시력이 안 좋으면 안경을 쓸 수가 있어서 고맙다. 코야, 고마워. 맛있는 음식 냄새도 맡고. 입아, 진짜 고맙다. 입이 있으므로 해서 맛있는 음식도 먹고, 말도 잘하고, 조잘조잘 수다도 잘 떨고 얼마나 행복한지 모르겠다. 손도 고맙다. 갖고 싶은 물건을 잡을 수도 있고, 손으로 온갖 재주를 부리니 너무너무 감사하다.

유방도 고맙다. 우리 아이들 젖으로 키워줘서 고맙다. 배야, 고마워 중요한 장기를 뱃속에 잘 보관해 주어서 너무나 감사하다. 다리야, 고마워. 튼튼한 다리가 있어서 가고 싶은 곳 마음대로 걸어 다니고 얼마나 행복한지 모르겠다. 키가 커서 고맙다. 그리고 중요한 것은 모든 것들이 제자리에 있어서 정말 고맙다. 만약에 두 눈이 발아래 있으면 안 되는데 제 위치에 놓여 있어서 감사하다. 모든 신체들이 제자리에 달려있으니 감사하고 고맙다. 내 몸아, 사랑한다. 무조건 사랑한다. 이유도 없이. 하하하하!'

사랑하는 사람을 포옹해 주듯이 자신을 살며시 안고 온몸을 쓰다듬으면서 사랑한다. 나는 너를 무조건 사랑한다. 아무런 조건 없이 사랑한다. 난 네가 좋다. 그냥 좋다. 모든 사람이 너를 싫어한다 해도 나는 너를 버리지 않고 끝까지 너를 지켜줄 것이다. 사랑해, 사랑해, 사랑해 이한분! 너를 정말 사랑한다! 이렇게 내 몸을 사랑하는 것이다.

힘들 때 우는 것은 삼류, 힘들 때 참는 것은 이류, 힘들 때 웃는 것은 일류라고 한다. 어려울수록 우리는 더 많이 웃어야 한다. 웃음으로 통쾌한 삶을 즐겁게 건강하게 살아가길 바란다.

●●●● 마음의 부자가 되기 위한 감사

"부자가 되고 싶은가?"라고 물으면 누구든지 그렇다고 대답할 것이다. 나도 그 중 한 사람이다. 물질적인 부자가 되어 풍요롭게 살고 싶다. 이는 인간이라면 누구든지 다 갖고 있는 욕망이다. 인생 후반에 들어오면서 이런 생각을 해본다. 재물은 수시로 왔다 갔다 하는 것으로 잠시 내 곁에 머물러 있다가 갈 뿐이다. 떠나가면 마음이 허할 뿐이다.

마음의 부자는 나를 풍요롭게 해준다. 마음의 여유를 가지면서 살아가 보아라. "나는 마음의 부자다. 나는 마음의 부자다." 하루에 열 번만 외쳐보아라. 그러면 마음의 부자가 되는 것이다.

●●● 만족하고 감사하는 삶을 살자

필자가 어렸을 때는 모든 물질이 귀하고 소중한 시절이었다. 그래서 누가 무엇을 주면 항상 감사합니다, 감사합니다. 이 시절의 감사는 진정한 마음에서 우러나와서 하는 감사였다.

지금은 물질이 풍부한 시대에 살고 있어 그런지 주위에서 무엇을 주어도 그리 고맙고 감사한 마음이 없는 것 같다. 그래서 무엇을 주고 싶어도 조심스레 물어보고 눈치를 봐가면서 주게 된다. 요즘 사람들은 남의 것 받는 것도 싫어하고, 주는 것도 싫어한다. 그래서 감사도 형식적인 감사가 많다.

'감사'는 행복한 사람들의 언어다. 무슨 말을 하든지 감사라는 단어를 자주 사용해서 분위기를 풍요롭게 만들자. 감사가 내 몸 안에 퍼져있으면 내 마음은 부자인 것이다.

가족, 친척, 친구, 동료, 주위에 있는 사람들에게 수시로 "감사합니다"라는 단어를 사용하자.

내 주변에는 "감사해요"라는 단어를 자주 사용하는 친구, 동료들이 많이 있다. 이런 친구, 동료들은 마음이 부자다. 오히려 감사를 모르는 사람들은 물질이 풍부해도 늘 불만족이다. 만족을 모르기 때문이다.

●●● 만나는 사람들마다 "감사합니다"

주위에 만나는 사람, 마주치는 눈길마다 "감사합니다"라는 단어를 자주 사용해 보자. 우리는 익숙해진 사람들한테는 잘 웃고 미소를 보내지만, 처음 만나는 사람에게는 그러기가 쉽지 않다.

"오늘 이렇게 만나서 감사합니다. 좋은 하루되세요." 익숙해지면 나도 모르게 튀어 나온다. 해보자. 해보지도 않고 안 된다고 말하지 말자.

내 친구는 옆집에 살고 있으며 나이는 80세다. 우리가 친구처럼 지내온 것은 지금으로부터 3년 전의 일이다. 할머니가 말씀하신다. "옆집 아줌마하고 이야기를 나누면 친구처럼 편하고 소녀시절로 돌아가는 기분이라서 너무 좋다." 그러시면서 "우리 친구하자"라고 하시길래, "그래요"라고 말한 것이 씨가 된 것이다. "젊은 친구야, 네가 있어서 고마워. 내가 좀 늙은 친구라서 미안하다." 그래노 행복하다고 하신다. 그렇다. 나이는 숫자에 불과할 뿐이다. 그래서 여자 나이 40이 넘으면 똑같다는 것을 실감한다.

여자 나이 40세가 넘으면

40세 – 많이 배운 사람이나 못 배운 사람이나 같고,

50세 – 예쁜 사람이나 미운 사람이나 같고,

60세 – 자식 잘 둔 사람이나 자식 못 둔 사람이나 같고,

70세 – 서방이 있는 사람이나 없는 사람이나 같고,

80세 – 돈이 있는 사람이나 없는 사람이나 같고,

90세 - 방에 누워있는 사람이나 산에 누워있는 사람이나 같다.

서로 이야기를 나누다 보면 내가 80세가 된 것 같은 기분이 들고, 그 친구는 자기가 젊어진 것 같아서 기분이 좋다고 하신다. 필자는 친구가 너무 늙어서 나도 늙었다고 하면 한바탕 크게 웃는다. 아파트가 떠나갈 듯 웃어버린다. 하하하하. 그것도 우리의 대화 장소는 아파트 계단이나 복도이다. 그곳에서 수다를 나눈다. 시간 가는 줄도 모르고 연령대는 차이가 많이 나지만 수다를 나누다 보면 나이 차가 문제가 된 적은 한 번도 없다.

지방으로 강의를 다니면서 지방 특산물을 살 것이 있으면 많이 사가지고 와서 옆집 친구에게 나누어 준다. 그날 강의한 내용도 이야기해 주고 오가며 있었던 이야기보따리를 풀어놓고 한동안 들려준다. 맛있는 거 갖다가 드리면 대신 제일로 맛있는 반찬을 이것저것 챙겨주신다. 이것도 며느리 몰래. 그래서 그런지 몰래 주는 반찬이라 더 맛있는 것 같다.

미처 저녁밥 준비가 안 되어 있을 때 갑자기 가족이 퇴근해서 들이닥치면 급하면 옆집으로 쪼르르 달려가서 밥 한 공기를 빌려온다. 말은 빌려오지만 그냥 꿀꺽 삼켜버린다. 그래서 이웃이 좋은 것이다. 그렇다! 내게 위급한 상황이 닥치면 제일 먼저 도움을 주는 자는 가까운 사람이다.

이런 일도 있었다. 한때는 집안에 축하할 일이 있어서 화분이 많이 들어왔다. 옆집 친구한테 내가 예쁜 화분을 줄 테니 맛있는 반찬을 달라고 했다. 그래서 화분을 옆집의 반찬과 바꿔서 먹기도 한다. 그럴 때 반찬의 맛은 정말 꿀맛이다. 그런 모습을 보는 딸이 한마디 한다. "엄마는 이상한 사람"이라고 핀잔을 준다. 나는 그 말을 얼른 받아서 되돌려 준다. "그렇잖아도 엄마는 이가 상해서 치과를 가야 하는데 병원비 좀 달라"고 한다. 그러면 딸이 하는 말, "엄마, 왜 이리 푼수 같애. 진짜 못 말려." "야, 오징어는 말려도 엄마를 어떻게 말리니." 그 순간 딸은 웃음을 참지 못하고 그냥 하하하하 웃고 만다. 어째든 이웃사촌을 잘 만나면 손해 볼 것 하나도 없고, 오히려 도움을 주는 일이 많다. 주위에 만나는 사람들에게 늘 감사할 뿐이다.

●●●● 하루를 시작할 때 "감사합니다"

모든 일에 '감사'로 시작해 보자. 그러면 무슨 일이든지 술술술 잘 풀려 나갈 것이다. 이왕 할 거라면 미소를 지으면서 해보

자. 얼마나 행복한가! 아침에 일어난다는 것은 내가 살아 있다는 증거다. 얼마나 감사한 일인가. 그 감사의 마음을, 하루의 삶을 마무리할 때까지 유지하는 것이다.

해질 무렵이면 일을 무사히 다 마쳤으니 이 또한 얼마나 감사한 일인가. 영국 속담에 좋은 것은 두 눈 크게 뜨고 보고, 나쁜 것은 반눈 감고 보라는 말이 있다. 이제는 사물을 바라볼 때 작은 눈을 크게 뜨고 감사를 찾아보자.

●●● 모든 것에 "감사합니다"

말이란 뜻과 소리가 합해져야 한다. 예의를 갖추고 정성스럽게 말해야 한다. 마음에 감정을 담아서 말하자. 형식적인 것은 내 몸이 먼저 안다. 그리고 상대방이 먼저 알아본다. 어린아이의 마음같이 아무 이유도 없이, 대가도 없이, 아부성도 없이, 그냥 감사를 전하는 것이다. 내가 감정을 어떻게 싣느냐에 따라서 상대방을 기분 좋게 해줄 수도 있고 기분 나쁘게 할 수도 있다. 이왕이면 기분 좋은 감사의 말을 전해 보자.

마음의 부자가 되기란 참 쉽다. '감사' 란 두 글자만 사용하면 된다. 물질적으로 부자가 되기란 정말 어렵다. 그래서 나는 물질적으로 부자가 되는 것은 포기하고 마음의 부자가 되기로 작정했다. 감사가 습관이 되니 정말 쉽다. 누워서 떡먹기다.

모든 일을 감사한 마음으로 시작하니 왜 이리 마음이 풍요롭고 행복한지 모르겠다. 경제가 어렵다, 어렵다 하는데, 그러지 마시고 '마음의 부자' 가 되어보세요. 감사로 평생 웃고 살아가 보세요.

7. 가끔은 불륜처럼 살아가자

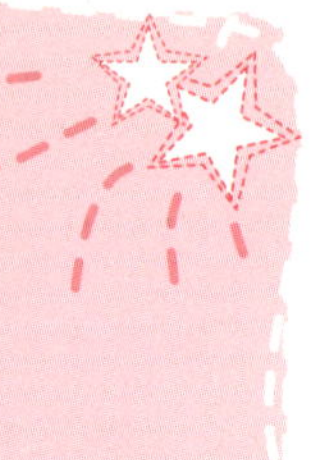

사람이 세상에 태어나 4번의 만남이 있다고 한다. 첫 번째 만남은 부모님, 두 번째 만남은 스승, 세 번째 만남은 친구, 네 번째 만남은 배우자이다. 모든 만남이 소중하지만 나는 배우자와의 만남이 제일 소중한 것 같다. 부모, 자식, 형제가 울타리라고 한다면 부부는 집이다. 울타리는 있으면 든든하고 없으면 허전할 뿐이다. 그러나 집은 없으면 안 된다. 그 집을 서로 가꾸고 만드는 것이 부부다. 그래서 부부의 만남이 소중한 것이다.

남녀가 만나 결혼해 살다 보면 보통 50~60년씩 함께 살아간다. 앞으로 수명이 더 길어진다고 하니까 100년이 될 수도 있을 것이다. 이렇게 오래 살다 보면 좀 지루하기도 할 것이다. '눈 한번 딱 감고 한 눈 좀 팔아볼까?' 하는 생각을 누구나 한번 쯤 해보았을 것이다.

나도 그런 생각을 안 해본 것은 아니다. 솔직히 말하자면 그렇다. 이제는 부부간에도 변화를 가져야 한다.

●●● 부부도 가끔은 불륜처럼 살아보자

우리 부부는 분위기 있는 거리, 낭만적인 장소를 가면 항상 내기를 한다. 저 사람들은 부부일까? 아니면 불륜일까? 중년의 남녀가 앉아서 식사를 하는 것을 은근슬쩍 바라보면 참 재미있다. 소곤소곤 정겹게 이야기를 나누면서 서로 맛있는 음식을 서로 집어서 입속에 쏘~옥 넣어주는 모습을 바라보면 아름답다. 어쩌면 저렇게 애교가 만점일까!

반대편에 앉아 식사하는 다른 부부는 아무 말 없이 그냥 돼지처럼 꿀꿀꿀 먹고 있다. 모습을 보면 이들은 진짜 부부이다. 이 부부도 결혼 전 연애를 할 때는 이렇지 않았을 것이다.

신랑과 어느 곳을 가더라도 우리는 손을 꼭 잡고 다정하게 소곤소곤 이야기를 나눈다. 길거리에 맛있는 게 있으면 사서 서로 입에 넣어주기도 하고, 바닷가를 가면 서로 어깨동무를 하고 거닐기도 하고, 정말 닭살커플처럼 살아간다.

때로는 본첩의 기질에서 벗어나 애첩의 기질을 만끽 발휘해 보자. 옛 속담에 '곳간 열쇠는 안방마님에게 주고, 마음은 뒷방 하인에게 준다' 라는 말이 있다. 대한민국 안방마님들 곳간 열쇠만 꼭 움켜주고만 살아갈 것인가? 아니면 남편 마음까지 빼앗으면서 살 것인가? 이한분은 오늘도 불륜처럼 살아간다. 남들이 부러워하도록!

●●● 가끔씩 외박도 해보자

우리 부부는 가끔씩 외박을 한다. 경치 좋고 분위기 좋은 곳에서. 자연을 벗 삼아 이리저리 구경 다니다 근사한 곳에서 하

루를 보낸다. 안방의 침실에서 벗어나는 것이다.

부부간의 환경도 한 번씩 바꿔주면, 다시 한 번 사랑도 확인할 수 있고, 신혼초의 기분도 느낄 수도 있다. 그러면서 부부간의 정도 새록새록 젖어든다. 얼마나 행복한지 모른다. 이번 주말 가까운 교외라도 나가 부부만의 시간을 가져보는 것은 어떨까?

●●●● 남편(아내) 목욕을 시켜주자

결혼하고 지금까지 가끔씩 남편 목욕을 시켜준다. 그것도 가끔씩. 그래야 효과가 있다. 남편이 피곤해 하거나 스트레스를 많이 받고 퇴근했을 때 욕조에 따끈하게 물을 받아놓고 남편을 욕조로 데리고 가서 목욕을 시켜준다. 아기 목욕을 시켜주듯이 사랑과 정성을 돌여서 말이다. 머리서부터 발끝까지 온몸을 마사지해 주면서 스킨십을 해준다. 이렇게 하면 남편의 피로는 봄 눈 녹듯이 사르르 녹아버린다. 부부간의 정도 새록새록, 얼마나 멋진 사랑인가! 한번 해보시라고 권하고 싶다. 부부간의 사랑도 내가 만들고 가꾸어 나가는 것이다.

서로 사랑한다면 스킨십을 싫어하는 사람은 없을 것이다. 부부가 같이 목욕하는 것이 처음에는 어색하겠지만 한두 번 하다 보면 곧 익숙해진다. 이것은 우리 부부만의 사랑의 비법이다.

●●●● 친구처럼, 연인처럼 살아가자

부부간의 호칭을 한번 바꿔보자. 여보, 당신만 부르는 것이 아니라 이름, 오빠, 누나 등 그 상황에 맞는 애칭을 불러주는 것이다. 우리 부부는 가끔씩 오빠, 현이씨, 분이, 동장님, 공주님, 왕자님 등 별별 애칭으로 많이 불러준다. 이런 호칭 속에서 오랜 시간 함께한 부부지만 새로움이 솟아난다.

부부도 오랜 고향친구처럼 믿고 의지하며 살아가는 것이다. 친구는 사랑이 끊이지 아니하고, 부모형제는 위태할 때 끝까지 남는다고 한다. 친구는 싸워도 서운하지가 않다. 뒤돌아서면 언제 그랬냐는 듯 웃고 만다. 친구처럼, 연인처럼 살아가려면 아이들처럼 좀 모자란 듯 티 없이 맑은 생각을 해야 한다. 서로 따지지 말고 바보처럼 살아가는 것이 행복하다.

●●● 부부간의 대화에 콧소리를 많이 사용해 보자

여자는 사랑하는 사람에게 어리광을 피우며 사랑받고 싶어 한다. 그래서 사랑하는 사람이 생기면 코맹맹이 소리를 하게 되어 있다. 남자들은 다 알면서 애교로 받아주는 것이다. 부부간에도 마찬가지다. 그래서 나는 코맹맹이 소리, 혀 짧은 소리를 잘 낸다. 특히 남편 앞에서.

처음에는 어색하지만 자연스럽게 나온다. 부부가 서로 노력을 해야 즐겁게 살 수 있는 것이다. 우리 부부는 이렇게 늘 연인, 친구, 불륜처럼 살아가니까 부부도 행복하고 자녀들도 행복하고, 가정에 늘 웃음소리가 끊이지 않는 건강한 가정이 되었다. 집 평수 늘려갈 생각만 하지 말고 가족의 웃음소리로 집안을 채우기 위해 노력해 보자.

Part 2
평생 웃고 살자
— 평생 공부 중

평생 배움의 자세로 살아가자.
즐기면서 찾아가는 평생교육은 아름다운 보물이다
— 이한분 —

인생은 미완성

이한분

인생은 모태에서부터
배움이 시작되어
요람에 가기까지 배워야 합니다.

인생은 끊임없이
배우고 또 배워도
다 알 수 없네.
그래서 인생은 미완성입니다.

인생이 배우지 않으면
어두운 밤중에
길을 가는 것과 같습니다.

우리는
묵묵히 머리를 숙이고
겸손한 마음으로
평생 배우는 자세로 살아가야 합니다.

1. 내 마음을 가꾸는 정원사가 되자

●●· **'이한분 공부 중' 뜻의 비밀을 펼쳐본다**

필자의 어머니, 아버지는 맹인이셨다. 신체적인 맹인이 아닌, 낫 놓고 기역자도 모르시는 분. 그래서 본인들이 스스로 맹인이라고 하셨다. 가난으로 배우지 못한 것이 얼마나 한이 되었으면 어린자녀들에게 이런 말씀을 하셨을까? 나는 늘 이 말씀을 가슴에 담고 살아왔다.

엄마는 내가 18살 때 돌아가셨다. 나는 살아오면서 힘들 때마다 늘 엄마가 하신 이 말씀을 떠올리며 최선을 다했다. 그러다 40이 넘은 어느 날 문득 깨달았다. 줄여서 읽어보니 '이한분공부중!' 엄마가 미리 예언을 하셨다. 필자는 지금도 배우는 것이라면 무엇이든지 좋아한다.

인간은 평생 공부하면서 자신을 갈고 닦아야 한다. '수신제가치국평천하(修身齊家治國平天下)' 중에서 필자는 '수신' 이라는 단어를 좋아한다. 필자의 철학도 그렇다. 우리는 수신하기 전에 남을 수신시키려고 한다. 이것은 잘못된 생각이다. 먼저 수신해야 모든 것이 자연스럽게 이루어지는 것이다. 그래서 사람은 평생교육을 해야 한다. 교육에 의해서 사람은 변화가 일어나기 때문이다. 오늘도 '이한분 공부 중!' 하하하하. 배움만큼 재미있는 것이 세상에 또 있으면 나와 보라고 해보세요. 아마 없을 것 같네요.

●●●● 과감하게 나를 변화시켜보자

'저 사람은 어쩜 저렇게 복이 많을까! 그런데 나는 왜 이 모양일까?' 하고 신세타령만 하면 안 된다. 이제는 과감하게 나를 변화시켜보자. 복이 없는 사람이라면 복이 있는 사람으로 가꾸고, 웃음이 부족하면 웃음으로 가꾸고, 교양이 부족하면 책을 통해서 교양을 쌓고, 목소리가 불친절하면 상냥한 목소리로 바꾸면 된다.

상대방에게 먼저 인사를 안했다면 이제는 만나는 사람마다, 스쳐가는 사람마다 내가 먼저 인사를 나누자. 웃으면서 인사를 하다 보면 적극적인 사람으로 변하고, 자신감이 생기고, 상대방에게 좋은 인상을 주어서 대인관계에 성공할 수 있다. 이제는 내가 먼저 손을 내밀자.

정원사가 나무를 가꾸듯 나를 멋지게 가꾸는 정원사가 되어 보자. 쓸데없는 것들은 과감하게 잘라버리자. 그리고 장점을 더 개발해서 풍성한 숲으로 만드는 명품 정원사가 되어 보자.

늘 밝은 표정과 넉넉한 웃음의 주인이 되려면 나의 얼굴에 책임을 져야 한다. 잘 웃는 것은 저절로 되는 것이 아니며, 시간을 들여 노력해야 하는 것이다.

수강생 중에 얼굴이 귀공자스타일로 영업직에 계신 분이 있다. 완벽을 추구하는 성격에 무엇이든 정석대로 하는 성격이다. 좋은 사람이지만 친해지고 싶다는 마음은 들지 않는다. 가까이 하기엔 먼 당신이랄까? 곰곰이 생각을 해보니 표정이 늘 굳어 있어 목소리도 딱딱하고, 얼굴엔 미소를 찾아볼 수가 없다. 그런데 차츰 수업을 받으면서 웃는 연습을 많이 하다보니 인상이 달라졌다. 이제는 그분의 애칭이 '미소가 아름다운 남자' 이다. 게다가 요즈음 푼수기가 있는 남자로 변신을 하는 중이다. 이제 조금만 있으면 멋진 명강사가 될 것으로 나는 믿고 있다.

아침 출근 전, 거울 앞에서 스스로를 격려하면서 활짝 웃어보라. 그리고 대문을 나간 후부터는 '나는 이 세상에서 제일 행복한 사람이다' 라는 생각을 하고 입가에 늘 미소를 지으면서 생활을 해보자. 퇴근 후에는 거울 앞에서 자신에게 수고했다 격려하

면서 활짝 웃어보자. 웃음도 습관이다. 처음엔 억지웃음이 되겠지만 시간이 지날수록 자연스레 웃는 자신을 발견할 것이다.

웃으면 자세가 당당해지고 자신감도 생긴다. 자신감이 있어야 자존감도 높다. 당당한 자세를 유지해 보자. 바른 자세는 그 사람의 마음가짐까지 바르게 한다. 그리고 자신감 있게 모든 일을 시작해 보자. 성공은 자신감에서부터 시작된다. 내 안의 자신감을 키우자.

●●● 유머의 소재를 개발해 보자

유머는 우리 삶속에 약방의 감초이다. 유머 역시 저절로 되는 것이 아니다. 배우고 그것을 실천에 옮기는 것이 중요하다. 상황에 따라 유머를 사용해 보자. 잘못 사용하면 오히려 분위기를 더 썰렁하게 만들 수도 있다. 그래도 해보자. 유머는 처음부터 타고 나는 것이 아니다.

여하튼 유머는 인간관계를 원활하게 하는 윤활유이며 친근감을 만드는 최고의 무기이다. 또한 웃음을 만들어내는 최고의 도구이기도 하다. 하지만 언제, 어디서나 자신이 원하는 대로 멋진 유머를 사용하기 위해서는 많은 노력이 뒤따라야 한다.

풍성한 나무 그늘이 있으면 새들도 찾아와 노래하고 춤을 춘다. 사람도 지나가다 힘이 들면 나무 그늘에 앉아 쉬어간다. 반대로 앙상한 가지만 남아있으면 아무도 찾아와 주지 않는다. 이제는 내 마음을 사랑, 배려, 감사, 봉사, 친절, 웃음, 유머로 풍성하게 가꾸어보자. 주변 사람들이 힘들어할 때 편히 쉴 수 있는 안식처가 될 것이다.

2. 적당히 버리는 사람이 건강하다

      필자는 강의를 할 때 대나무의 예를 많이 든다. 하늘을 향해 곧게 서있는 나무. 늘 푸르름을 상징하며, 마디마디 절도가 있고, 겉은 반질반질 윤기가 나며, 속은 텅 비어있다. 그래서 사람들한테 대나무 같은 인생을 살라고 한다.

      마음속에 가득 들어있는 욕심을 적당히 버리고, 절도 있는 생활을 하며, 늘 푸르고 윤기 나는 삶을 살 수 있지 않을까? 이것은 이한분의 생각이다.

적당히 버릴 줄 알아야 건강한 사람이라고 한다. 특히 현대인들은 더 많이 버려야 건강하다. 버린다는 것이 말처럼 쉬운 일은 아니다. 버려야 할 것과 말아야 할 것을 구분하는 일도 어렵다. 그래서 훈련이 필요한 것이다. 훈련된 자만이 적당히 버릴 줄 안다. 손에 움켜쥐고 있던 것들을 하나씩 버리는 습관을 배워보자.

●●● 7가지를 적절히 버리는 사람이 건강하다

(1) 땀은 성취의 에너지이다.

땀을 흘리는 것은 중요하다. 땀을 흘리지 않으면 우리 몸속에 있는 노폐물이 몸 밖으로 나오지 못해 병이 생긴다. 땀은 저절로 흘려지는 것이 아니다. 땀은 노동의 대가다. 농부가 열심히 땀을 흘린 만큼 곡식을 거두듯이, 땀이란 내가 노력한 만큼의 대가를 얻는 것이다. 노동을 하든 운동을 하든 시원하게 땀을 흘려보자. 땀도 적당히 흘리는 자가 건강하다.

(2) 호흡은 마음을 안정시키는 진정제이다.

호흡이 편안해야 마음도 편안하다. 또한 마음이 편안해야 호흡도 편안하게 나오는 것이다. 호흡을 통해 우리 몸 안에 있는 이산화탄소를 배출시키고 산소를 충분히 공급받아야 한다. 성격이 급한 사람들은 호흡이 거칠다. 늘 무언가에 쫓기듯 바쁘게 살아간다. 호흡을 편하게 하는 사람이 마음도 편안하고, 여유도 있고, 건강하다. 호흡도 안정되게 해야 한다.

(3) 언어는 사람의 인격을 완성시킨다.

우리의 언어 표현은 우리들의 삶의 모습 즉, 인격을 그대로 보여준다. 우리가 말하는 표현과 방법을 보면 우리의 인격과 삶의 모습을 그대로 담아내고 있음을 알 수가 있다. 그러므로 언어사용은 곧 자신을 그대로 보여주는 것이 매우 중요하다. 언어는 바로 그 사람이다. 그만큼 언어는 우리들의 삶에 있어서 중요하며 말 한마디 한마디가 매우 중요하다. 말을 할 때 언어도 잘 골라 사용할 줄 알아야 한다. 그래야 건강한 사람이다. 입에서 나오는 대로 그냥 해버리면 안 된다. 이는 나뿐만 아니라 상대방에게도 독이 된다. '말 한마디로 천냥 빚을 갚는다'는 속담은 말이 지닌 설득의 중요성을 보여주는 예다. 항상 진실을 담아 말 하는 훈련을 해야 한다. 이제는 좋은 언어를 많이 사용하자.

(4) 성은 사랑의 에너지이다.

성은 우리가 살아가는데 있어서 꼭 필요한 것이다. 부부간의 성도 잘못 사용하면 행복해야 할 부부관계가 남보다 못한 사이로 남을 수도 있다. 반대로 잘 사용하면 부부간 사랑의 원천이될 수 있다. 얼마나 아름다운 일인가. 신은 인간에게 성을 선물로 주신 것이다. 부부간 사랑의 에너지를 잘 사용해 보자.

(5) 배설물도 적당히 버려야 건강하다.

계속 먹기만 하고 배설물을 버리지 못하면 큰 일이 생긴다. 언젠가 이런 일이 있었다. 먹기는 계속 먹어대고 대변을 못 봐서 고생을 한 적이 있었다. 대변을 며칠째 못 본 것이다. 하루, 이틀, 삼일까지 별 이상은 없었다. 그 다음부터 문제가 생겼다. 가스는 차서 아랫배가 축구공처럼 빵빵하고, 방귀도 안 나오고, 속은 더부룩하고, 밥맛도 없고……. '혹시 어디 몸에 이상이 있나? 내가 죽을병에 걸리지 않았나?' 하고 걱정이었다.

이제 때가 왔는가 보다 생각을 하고 있는데 갑자기 온몸이 어디라고 말을 할 수가 없을 정도로 아프기 시작했다. 병원 응급실로 곧장 달려갔다. 진찰을 하니 의사선생님께서 하시는 말씀이 대변을 보지 못해서 탈이 났다고 한다. 그래서 간호사에게 관장을 시키라고 한다.

관장을 하고 조금 후에 화장실에 가고 싶은 마음이 생겨 얼른 달려가서 볼일을 보는데 방귀소리, 대변……. 연발 쏟아진다. 밖에서 들으면 창피할 정도다. 볼일을 보고 난 후, 와! 이런 기분 처음일 것이다. 경험을 안 해본 사람은 모를 것이다. 바로 '쾌감'을 느꼈다. 하늘을 날아갈 것 같은 기분. 어떻게 표현을 할까. 모든 질병이 다 사라진 것 같다.

의사선생님이 들어오라고 부르셔서 응급실로 들어갔더니 하시는 말씀, "시원하신가요?" 변을 보고나니 창피하기도 하고 겸연쩍은 듯 웃으면서 기어들어가는 모기 같은 소리로 "네." "대변을 잘 보는 방법은 물을 많이 드시고 운동을 꾸준히 하세요"라고 하신다. 전에는 물을 안마시고 국물 있는 음식도 먹지를 않았다.

그때부터 물먹는 연습을 해서 지금은 물을 수시로 자주 마신다. 물도 보약이라고 생각하고 마시니 아주 맛있다. 무엇이든지 내가 어떻게 생각을 하느냐에 달려있다는 사실이다. 그때서부터 물먹는 습관을 들였다. 필자가 그날 얻은 교훈은 음식도 내가 먹는 것만큼 내가 버리는 것이다. 그래야 내 몸이 건강한데, 안 버리면 몸에 이상이 온다는 사실. 많은 사람들이 경험해 보았을 것이다.

모든 것이 내가 가진 만큼 내가 버리는 것이다. 그래야 건강하다. 내가 번 만큼 내가 쓰는 것이다. 적당히 버릴 줄 알아야 한다. 그러나 '적당히'가 살아가는 데 있어서 아주 어려운 것 같다.

(6) 웃음은 행복의 에너지이다.

웃음도 많이 웃어서 버릴 줄 알아야 건강한 사람이다. 웃음과 행복의 에너지는 반비례한다. 많이 웃어서 웃음을 버려야 내가 행복해지는 것이다. 그냥 웃으려고 하면 웃을 일이 별로 없다. 우선 '감사'를 떠올려 보자. 감사는 웃음의 뿌리이다. 남편에게 감사, 자녀에게 감사, 공기에게 감사, 집에게 감사, 친구에게 감사, 땅에게 감사, 옷에게 감사, 신발에게 감사, 하늘에게 감사, 나무에게 감사, 부모님에게 감사, 직장에게 감사, 호흡에게 감사, 날아가는 새에게 감사, 구름에게 감사……. 마음속으로 쉴 새 없이 감사의 마음을 표현해 보자. 그러면 자연스럽게 웃음을 머금게 되고, 더불어 행복이 찾아올 것이다.

웃음을 웃지 않고 버리지 않으면 마음이 우울해지고 불행진다. 감사는 내적인 치유의 강력한 수단이다. 감사가 있으면 가정이 행복하고, 직장이 행복하고, 사회가 행복하고, 주위에 있는 사람들이 행복하고, 결국엔 내가 행복해지는 것이다.

(7) 눈물은 마음을 정화시키는 에너지이다.

눈물

이한분

사람이 울면 두 눈에서
뚝뚝 떨어지는 두 줄기 눈물
먹어보면 짠맛이거늘
나와 봐야 별로이거늘
흘린 만큼 건강하니 감사하구나.

실컷 울고 나면
마음을 정화시켜주고
시원하게 치료를 해주니
어찌 안 흘린 수가 있단 말인가.
슬퍼서 울고
기뻐서 울고
감사해서 우니
내 마음도 슬피 우는구나!

억울한 이내 심정
원통하고 한 맺힌
가슴 태우는 들끓는 용광로
울음 한방이면 끝이로구나.

눈물이란

눈물을 흘릴 줄 모른다면 그 사람은 마음이 아픈 사람이다. 눈물도 적당히 흘려서 버려야 건강하다. 남자든 여자든 드라마나 영화를 보다가 슬픈 장면이 나오면 적당히 눈물을 흘리는 것이 건강에 좋다. 이제는 어린아이처럼 훌쩍훌쩍 울어보자.

우는 것과 웃는 것은 같은 선상에 있는 공존의 감정이다. 우는 것은 웃는 것과 똑같은 효과가 있다. 그 예로 중증 류머티즘 환자들에게 눈물을 흘리게 한 뒤 면역 기능의 변화를 관찰해보았다. 이에 따르면 스트레스 호르몬인 코티솔(cortisol) 수치와 류머티즘을 악화시키는 '인타로이킨-6'의 수치가 떨어지고 암을 공격하는 '내추럴 킬러(NK)' 세포가 활성화되었다는 실험 결과가 있다.

사람들은 울음과 웃음이 정반대의 현상이라고 생각한다. 하지

만 웃음요법 못지않게 울음요법 역시 그 치료효과가 뛰어나다. 울음요법은 잠시 무의식 상태에 빠지는 최면과는 다르다. 자신의 기억 속에 저장된 정신적인 충격을 스스로 기억해 내고, 이를 눈물로 배설하는 것이다. 그래서 운다는 것은 그 자체로서 매우 건강한 일이다. 우는 과정을 통해 과거의 심적 고통이 치유되기 때문이다.

사람은 과거의 감정을 묻어두고 살아갈 수 없다. 과거의 불행했거나 나쁜 기억들이 몸속에 도사리고 있다가 어떤 식으로든 현실에 적응하는 것을 힘들게 만든다. 그러므로 울고 싶을 때는 울어야 한다. 실컷 울고 나면 마음이 후련해진다. 우는 일을 잘

해야 웃는 일도 잘할 수 있는 것이다. 눈물은 여러 가지 배설작용 가운데 오랫동안 그 이유가 정확하게 밝혀지지 않았으나 전문가들은 감정적인 눈물이 정신적인 충격을 없애준다는 데는 한결 같이 동의하고 있다.

눈물은 웃음과 함께 신이 인간에게 내려준 가장 큰 선물이자 우리 몸의 자연방어제라고 할 수 있다. 웃음이 기분을 바꿔주고 면역력을 높이는 것처럼, 울음도 스트레스를 해소시켜 몸과 마음을 건강하게 해주는 것이다. 울 때는 실컷 울어 마음을 정화시키자. 모든 것이 새롭게 보여질 것이다.

건강한 삶을 살아가려면 앞에서 제시한 땀, 호흡, 언어, 성, 배설물, 웃음, 눈물의 7가지를 적절히 버리는 사람이 건강하다고 한다.

3. 나를 행복하게 만드는 비결

행복이란 무엇일까? 사람마다 대답은 다 다를 것이다. 필자는 행복은 건강과 시간이 허락하는 한 손과 발을 부지런히 움직이는 것이라고 생각한다. 그것이 내가 무언가 할 수 있다는 증거이며 살아있다는 증거이니 얼마나 행복한 일인지 모른다.

나는 외삼촌댁에 자주 놀러간다. 농사철이 되면 쉬는 날에 농사일을 돕고, 돌아올 때는 외숙모가 보따리에 이것저것 챙겨주시는 그 재미로 남편하고 자주 찾아간다. 외삼촌이 어느 날 친구 분의 이야기를 들려주신다. 외삼촌의 단짝 친구 분은 환갑이 지나고 일하기가 싫다고 하시면서 방에서 뒹굴뒹굴 먹고 자고 바깥출입을 전혀 안하셨다고 한다. 그러다 1년, 2년 흘러가고 나중에는 손발에 힘이 없어서 걷지도 못하고 자리에서 일어나 앉는 것도 힘들어 하시다 나중에는 누워서 대소변을 받아내다 돌아가셨단다. 외삼촌 말씀이 "일하기 싫다고 편하게 지낸다고 한 것이 고작 죽음으로 가는 길인 것을……"하고 안타까워하셨다.

외삼촌은 "살아있는 동안 손발을 부지런히 움직이는 사람이 건강한 사람이며, 행복한 사람"이라고 말씀하신다. 필자는 이 말에 200% 공감한다. 사람은 죽는 날까지 손발을 적당히 움직이면서 살아가야 한다. 잠시 편안하자고 다른 사람에게 심부름을 시키지 말고 지금부터라도 내 몸을 열심히 움직이자.

●●● 내가 할 수 있는 일거리를 하나씩 갖자

게으른 자는 부지런한 자를 못 이기고, 부지런한 자는 일을 즐기는 자를 못 이긴다는 말이 있다. 노력하는 사람과 부지런한 사람은 게으른 천재를 이길 수 있으며, 이보다 더 뛰어난 사람은 일 자체를 즐기는 사람이다.

필자의 직업은 펀스피치 강사이다. 그리고 특강으로 '평생 웃고 살자' 강사로 활동 중이다. 나에게 딱 맞는 직업인 것 같다. 관심을 가지고 한 우물을 열심히 파다보니 지금의 내가 있는 것이다. 얼마나 행복한지 모른다. 왜냐하면 내가 좋아하는 일을 할 수 있기 때문이다.

전국을 다니면서 강의를 해도 힘든 줄 모르고 에너지가 넘친다. 조금도 피곤한지 모르겠다. 강의를 갈 적마다 필자는 매일 놀러 다니는 기분으로 다닌다. 그래서 신바람이 난다. 신바람이 나니까 더 열정적으로 에너지를 쏟아 붓고 강의를 마치고 집으로 돌아온다. 나와 내 강의를 기다리는 사람들에게 희망과 웃음을 줄 수 있다는 게 얼마나 감사한지 모른다.

이 분야에서 최고의 전문가가 되기 위해 끊임없이 노력하고 배운다. 사람들 앞에서 강의를 하고 말을 통해 감동을 준다는 것은 힘들고 어려운 일이다. 그 힘든 세상에서 살아남기 위해 필자는 늘 새로운 것을 배우고 또 배운 것을 남에게 나누어 준다.

강사들이 한번쯤 서고 싶어 하는 무대가 있다. 바로 '아침마당' 이라는 프로그램에 출연해서 멋진 강의를 하는 것이다. 나도 아침마당을 못 나가면 '저녁마당' 이라도 꼭 출연하기 위해서 오늘도 '이한분 공부 중' 이다.

인생 후반전에 들어서면 대부분 그동안의 직업에서 은퇴해 갑자기 시간이 많아져 당황하게 된다. 이제는 내가 그동안 하고 싶었던 일, 배우고 싶었던 일을 찾아 발전시켜보자. 작은 일거리라도 좋다. 할 일이 있는 사람은 행복한 사람이다. 내가 즐겁게 할 수 있는 일을 찾아 신바람 나게 하고 있는 나는 얼마나 행복한 사람인지 너무나 감사하다.

●●● 나를 위한 물건을 사보자

결혼을 하고 살다보면 쇼핑을 할 때도 남편, 자녀, 시부모님이 중심이 된다. 찬거리를 사러 장을 보러갈 때도 그렇다. 식구들이 좋아하는 거 위주로 장을 보게 된다. 정작 내가 좋아서 사는 것들은 별로 없다.

가족도 마찬가지이다. 이런 일이 있었다. 초등학생이던 딸아이가 학교에서 돌아오면서 "엄마! 엄마" 다급하게 부르는 것이 아닌가. 깜짝 놀라 뛰어나가 보니 아이는 검은 비닐봉지를 신나게 흔들며 달려오고 있었다. 봉지 안에는 상추가 들어있었다. 학교 끝나고 집으로 돌아오는데 길모퉁이에서 할머니가 상추를 팔고 계시기에 상추를 보니 엄마 생각이 나서 사가지고 왔다며 입에 침이 마르도록 자랑을 한다.

어린마음에 엄마가 상추를 좋아한다고 상추를 사가지고 신나게 집으로 돌아온 아이를 생각하니 마음이 찡해졌다. 지금도 싱싱한 상추를 보면 딸 생각이 난다. 이 맛에 나보다 가족들이 좋아하는 것을 보면 먼저 챙기게 되는데, 이것이 가족의 사랑인가보다.

남을 위해 물건을 사는 것도 보람되고 좋지만, 가끔은 나를 위해 작은 거라도 사는 것이 얼마나 행복한지 모른다. 필자도 가끔씩 기분전환을 하기 위해 나를 위해 물건을 산다. 내가 먹고 싶은 반찬, 과일, 읽고 싶은 책, 예쁜 액세서리까지. 오늘만큼은 나를 위해 요리도 하고, 한껏 멋도 내보자.

●●● 매일 나만의 시간을 가져보자

살아가면서 오로지 나만을 위한 시간을 갖는다는 것은 어렵다. 남을 위해 혹은 남에 의해 살아가는 시간이 많기 때문이다. 이제부터 하루에 10분, 30분씩 시간을 내어서 나만의 시간을 만들어보자. 가끔은 하루 시간을 내어 여행을 다녀오는 것도 좋다. 나를 돌아보는 소중한 시간이 될 것이다.

필자는 새벽시간을 많이 활용한다. 이 시간만큼은 오직 나만

을 위한 시간이다. 새벽 산책을 하고 새벽의 맑은 공기를 마시면서 하루의 계획을 세운다. 얼마나 황금 같은 시간인지 모른다. 이 시간만큼은 온전히 나만의 시간이다. 시간이 없다 하시는 분들, 새벽시간을 활용해 보라. 30분만 일찍 일어나면 된다.

●●●● 좋아하는 일에 제대로 미쳐보자

사람들은 시간에 쫓겨 바쁘게 보내야 열심히 살고 있는 줄 안다. 한가하게 여유를 즐기는 사람은 게으른 사람, 경쟁에 뒤처지는 사람이라고 생각한다. 그러나 삶에 여유가 없는 사람은 진정한 삶이 무엇인지, 여가생활이 주는 아름다운 행복을 모른다.

필자도 인생의 후반전에 들어와서야 마음의 여유가 생겼다. 얼마나 미련한지 인생 후반부에 들어와서야 깨달았다. 남들에게는 시간이 없어도 시간을 쪼개어서 여가생활을 즐기라고 하면서 정작 나는 여가생활을 즐기는 사람은 생활에 여유가 있는 한가한 사람들이나 하는 짓이라 여겼다.

여가생활을 한다는 것은 나를 발전시키면서 행복하게 만들어 주는 것이다. 여가시간을 활용해서 나의 취미를 만들어보자. 노래, 운동, 만들기, 춤, 공부, 영어, 미술 등 평소에 하고 싶었던 일들에 도전해 보자. 여가생활은 나의 삶을 윤택하게 만들며 미래의 삶도 행복하게 만들어 준다.

내가 좋아서 하는 일은 돈벌이가 안 되어도 행복하고, 무보수로 봉사를 해도 보람을 느낀다. 그만큼 좋아하는 일은 다른 것을 따지지 않고 열정을 쏟아가며 하기 때문이다.

필자는 수다를 좋아한다. 처음 만나는 사람이라도 남녀노소를 막론하고 이야기를 시작하면 시간가는 줄 모른다. 수다를 좋아해 열심히 하다 보니 스피치강사가 되었다. 이제는 내가 좋아하는 일이 무엇인지 찾아서 한번 제대로 미쳐보자. 무엇이든 미치지 않고는 성공할 수 없다.

●●● 탓하지 말자

현실을 냉정하게 직시하며 자신의 위치를 정확히 파악하자. 사람들은 일이 잘 안될 때, 환경 탓을 많이 한다. 잘되면 내 탓, 안되면 조상 탓, 남편 탓, 친구 탓, 자녀 탓, 부모님 탓, 아내 탓. 탓, 탓, 탓, 탓도 많은 세상이다. 이제는 환경 탓하지 말고 다시 시작해 보자.

나이 탓도 하지 마라. 나이도 핑계일 뿐이다. 기회는 바로 지금 이 순간이다. 지식 탓도 하지 마라. 배우면 된다. 태어나서 요람에 갈 때까지 배우는 것이다. 배움이란 배워도, 배워도 모자라는 것이다.

성공하고 싶은가? 그렇다면 한번 제대로 미쳐보아라. 성공한 사람들은 제대로 미친 사람들이다. 미치지 않고는 절대로 성공할 수가 없는 것이다. 실패한 사람들은 아직 무언가에 미쳐보지 못한 사람들이다. 미쳐보자. 아주 화끈하게! 성공한 사람들은 쌍기역 5방식 '꿈, 깡, 꾀, 끼, 끈'으로 똘똘 뭉쳐있다고 한다. 나는 지금 무엇에 미쳐있는가?

●●● 자신이 하는 일에 큰 가치를 부여하라

현재 자기가 하는 일에 만족을 느끼는 사람은 거의 없다. 시간이 흘러가면 그때의 소중함을 느끼게 된다. 자신이 하고 있는 일에 큰 가치를 부여하고 즐거운 마음으로 미쳐보자. 사람들이 제일 갖고 싶어 하는 공은 무엇일까? 바로 성공이다. 그러나 성공을 하지 못하면 공은 그냥 허공에 떠있는 공일뿐이다. 성공하고 싶은가? 반드시 좋아하는 일에 제대로 미쳐보아라.

긍정적인 에너지를 발산하라. 그래야만 힘이 생긴다. 부정적인 마음을 가진 사람은 에너지를 발산할 수 없다. 매사에 긍정적인 마인드를 가지고 일을 해보아라. 아무리 힘든 일이라 할지라도 즐거운 마음으로 한다면 비로소 진정한 보람을 맛볼 수 있다. 성공의 끈, 노력의 끈, 행복의 끈, 인맥의 끈, 나만의 끼, 꿈을 놓지 말고 꼭 잡자. 대신 부정의 끈은 확실하게 없애버리자.

단번에 확실하게!

먼저 1년간 할 수 있는 일들을 메모하라. 하나씩, 하나씩 체크해 가면서 실천해 나가는 것이다. 그리고 잘했으면 자신에게 칭찬을 해주어야 한다. 실패했다면 원인을 찾아 다음에는 더 잘할 수 있는 기회로 삼아야 한다.

물은 100도에서 끓지 99도에서는 절대로 끓지 않는다. 증기기관차는 수증기의 게이지가 212도에 디다를 때 움직이지 211도에서는 절대로 움직이지 않는다. 마지막 1초 동안의 인내가 인생의 성패를 좌우한다. 이 세상에서 제일 힘이 센 것이 바로 노력이다. 우리는 노력 없이 아무것도 얻어낼 수가 없다.

처음부터 1km를 달리라고 하면 힘들다. 그러나 1m는 누구나 달릴 수 있다. 1m를 시작으로 2m, 3m씩 차츰차츰 늘려나가는 것이다. 작은 일부터 공을 들여 시작해 보자. 이것이 바로 성공의 지름길이다.

4. 하루의 삶에 최선을 다하자

오늘을 내 인생 '마지막 날'로 여긴다. 러시아의 작가 도스토예프스키는 스물여덟의 젊은 나이에 사회주의 혁명 단체에 가입했다는 이유로 사형수가 된다. 영하 50도의 추운 겨울날 사형대에 묶인 그에게 최후의 5분이 주어졌다. 단 5분. 28년 동안 살아오면서 그에게 주어진 마지막 5분의 의미는 무엇일까?

이 최후의 5분을 어떻게 쓸까 하고 생각하던 그는 순간적으로 자신과 함께 사형대에 선 두 사람의 사형수에게 각각 1분씩 작별 인사를 하는 데 사용하고, 지금까지 살아온 인생을 정리하는 데 2분, 그리고 나머지 1분은 주위의 대지와 자연을 둘러보는 데 쓰기로 작정했다. 눈물을 흘리며 작별인사를 하고 가족들을 잠깐 생각하는 동안 벌써 2분이 지나버렸다. 그리고 자신의 인생에 대하여 돌이켜 보려는 순간, 이제 3분이면 내 인생도 끝이구나 하는 생각이 들자 눈앞이 캄캄해지며 지난 28년의 세월을 아껴쓰지 못한 것이 후회되었다.

이제 다시 한 번 더 살 수만 있다면 순간순간을 값어치 있게 쓸 텐데……. 그는 뒤늦게 뉘우쳤지만 가슴만 아플 뿐이었다. 그렇게 5분이 지나 이젠 모든 게 끝이구나 하고 눈을 감는 순간 기적이 일어났다. 한 병사가 흰 수건을 흔들며 황제의 특사령을 가지고 온 것이다. 사형 직전에 기적같이 목숨을 건진 도스토예프스키는 긴 유형 생활을 하다가 1859년에 모스크바로 돌아와 자유의 몸이 되었다. 그 후 그는 사형대에서 느꼈던 시간의 소중함을 평생 잊지 않고 시간을 철저히 관리하여 《죄와 벌》, 《카라마조프가의 형제들》, 《영원한 만남》 등 수많은 작품을 남겼다.

'지금'은 과거를 후회하라고 있는 시간이 아니다. 어제는 이미 지나가서 없고, 내일은 아직 오지 않아 없으니 있는 것은 오늘뿐이 아닌가? 하루도 빠짐없이 86,400원을 입금해 주는 신기한 은행이 있다. 그날이 지나면 쓰든 안 쓰든 잔액이 다 빠져나간다. 어제로 되돌릴 수도 없고 내 일로 이월할 수도 없다. 오로지 오늘 현재의 잔액으로만 살아야 한다. 수수께끼 같은 이 잔액의 비밀은 바로 하루 24시간 즉, 86,400초의 시간이다. 신이 지상의 모든 이에게 공평하게 나눠주는 이 선물 앞에서 누구도 가진 게 없다고 불평할 수 없다. 매일 자기 앞으로 입금되는 86,400초에 감사하며 멋진 하루를 창조하는 데 힘을 쏟아야 한다.

똑같은 시간이라도 사용자에 따라 길거나 짧아질 수 있다. 삶의 목적을 가진 사람에게 시간의 의미는 굉장히 크다. 그러나 비전도 없고 꿈도 없는 사람의 시간은 그냥 지루할 뿐이다.

'천년을 살 것 같이 꿈꾸고, 내일 죽을 것 같이 살아라.' 만약에 내가 내일 죽는다면 오늘을 어떻게 살아갈 것인가? 건강한 사람은 보통 시간의 개념이 없다. 늘 반복되는 시간이라 그 소중함을 모른다. 그러나 만약 내게 단 하루의 시간만 남아있다면 시간가는 것이 아까워서 시간을 쪼개고 쪼개어서 치밀하게 계획을 세워 실천할 것이다. 매일을 이렇게 산다는 것은 불가능하겠지만 가끔은 이렇게 절박한 마음으로 살아가는 것이 어떨까? 이

것도하나의 지혜로운 좋은 방법일 것이다.

●●● 아무런 대가를 바라지 말고 사랑하라

　당신은 사랑받기 위해 이 세상에 태어났다. 나에게 잘해 주는 사람, 내가 어려울 때 도와주고 힘이 되어주는 사람을 사랑하기란 쉽다. 반면 나에게 상처를 주고 힘들게 하는 사람을 사랑하는 것은 정말 어려운 일이다. 상대방이 멋있기 때문에, 나에게 잘해 주기 때문에 사랑한다면 그 사랑의 이유가 사라지면 어떻게 할 것인가? 진정한 사랑이란 아무 이유 없이, 아무런 대가도 바라지 않고 하는 사랑이다.

이것저것 따져, 계산해 가며 살아야 손해 보지 않고 살 수 있는 세상이지만 사랑만큼은 논리도, 계산도 없이 무조건적으로 해보는 것이 어떨까? 사랑은 그냥 주는 것. 상대가 몰라준다 해도 너무 아쉬워하지 말자. 사랑받는 것 못지않게 사랑하는 것 또한 행복한 일이니까.

●●● 어깨춤을 덩실덩실 추며 콧노래를 불러라

아무도 바라보고 있지 않는 것처럼 내 몸이 움직이는 대로 춤을 추자. 아이들은 춤을 잘 춘다. 전문 댄서처럼 추는 춤이 아니라 흥에 겨워 즐겁게 추는 춤이다. 우리도 아이들처럼 살 수 있다면 얼마나 행복할까? 춤출 일이 없다면 어깨춤을 덩실덩실 움직여가면서 즐겁게 일을 해보자.

음치, 박치라도 상관없다. 오직 나만이 들을 수 있다 생각하고 신나게 노래를 불러보자. 노래만큼 우리를 즐겁게 해주는 것도 없다. 우리는 나이를 먹으면서 콧노래를 부르지 못한다. 아니

안한다. 그것은 삶의 여유가 없다는 증거이다.

혼자서 중얼중얼 거리면서 콧노래를 부르고, 때로는 큰소리로 노래도 불러보자. 누가 들을까 걱정하지 말고 소리도 질러보자. 서로 싸우고 다툴 때 소리 지르지 말고, 노래를 통해 마음껏 소리를 질러보자. 노래는 삶의 활력소가 되고 마음을 즐겁게 해주고 기쁨을 안겨준다. 설거지, 집안청소, 빨래 등 집안일을 하면서 흥얼흥얼 거리면서 일을 하는 것이다. 일하는 즐거움이 시간 가는 줄 모를 것이다.

●●● 오늘이 마지막 닐인 것처럼 살자

필자는 가끔 이런 생각을 한다. 오늘이 나에게 주어진 마지막 날이라면? 그러면 집안 정리정돈을 잘하고, 주변정리도 잘하고, 인맥관리도 잘하고, 빚진 것이 있으면 갚고, 원한 살 만한 행동을 했으면 사과를 하고, 최선을 다해서 살아갈 것이다.

최선을 다하는 삶은 아름다운 삶이다. 하루일과를 일이라 생각하지 말고 즐기면서 시작하라. 내가 왜 사는지, 지금 무엇을 하는지, 확실한 목표를 가지고 주어진 일에 하루하루 최선을 다

하는 삶을 살아가자. 오늘이 마지막 날인 것처럼.

●●● 봉사활동과 사회활동에 참여하자

사람은 이 세상에 태어나 누군가의 도움을 받지 못하면 세상을 살아갈 수 없다. 사람은 태어나서 3년 동안은 누군가의 도움을 받아야 성장할 수가 있다. 다른 사람의 도움 없이 살아간다는 것은 불가능한 일이다.

부모님이 돌아가시면 3년 상을 치루는 이유도 부모님이 나를 위해 3년 동안 지극정성으로 키워주셨으니 나도 돌아가신 부모님께 그동안 못한 효도를 3년 동안 뉘우치며 한다는 이유가 있다. 그래서 세상은 더불어 살아가는 아름다운 사회이다.

이 세상에서 제일 불쌍한 사람은 관심을 못 받는 사람이다. 우리는 서로가 서로에게 관심을 받기 위해서 몸부림을 친다. 아기는 엄마에게, 자녀는 부모님에게, 아내는 남편에게, 남편은 아내에게, 시어머니는 며느리에게, 며느리는 시어머니에게, 사랑하는 사람은 연인에게 관심을 받기 위해 노력한다.

관심은 세상의 눈을 바로 보게 하는 마력의 힘이 있다. 봉사는 관심에서 시작되는 것이다. 주위 사람에게 관심을 가져보자. 받기보다는 먼저 관심을 주는 자가 되어 보자. 그래야 내가 행복해진다. 이것이 봉사의 삶이다.

사람은 사회적인 동물이다. 그래서 혼자서는 살아갈 수가 없는 동물이다. 인간은 서로 무리지어서 살아가야 한다. 측은지심의 마음을 가지며 상부상조하면서 살아갈 때 인간의 아름다움을 맛볼 수가 있다. 무리지어서 활동을 하고 내가 할 수 있는 범위 안에서 열심히 할 수 있는 일이 무엇인가를 찾아서 사회활동에 적극적으로 참여를 하자. 서로의 마음을 나누고 내가 누군가에게 작은 도움이나마 주었다고 생각할 때 최고의 행복함을 느끼는 것이다.

혼자 피어있는 꽃은 외롭다. 꽃도 모여서 피어있을 때 아름답다. 사람도 홀로 있으면 외롭기 때문에 여럿이 모여서 둥글둥글 살아가야 인간의 훈훈한 정을 느낄 수가 있다. 이제는 적극적으로 사회활동에 참여를 해서 더불어 살아가는 삶을 살아가자. 나이가 들면 들수록 집에만 있지 말고 평생교육기관 등을 이용, 사회활동에 적극적으로 동참하여 노후를 멋지게 보내는 삶을 살아갔으면 좋겠다.

5. 내 안에 있는 에너지를 끌어내라

내 안에는 무한한 잠재능력이 숨어있다. 그러나 그 능력을 사용하지 않으면 그 에너지는 잠자고 있는 것과 다름없다. 내가 흔들어 깨우지 않으면 평생 사용하지 못할 수도 있다.

●●● 용기의 에너지를 끌어내라

어렸을 때의 일이다. 가정환경이 너무나 어려웠던 시절이었다. 누구나 막론하고 너나할 것 없이 그랬다. 부자로 산다 하는 집은 별로 없었다. 풍선껌이 나오던 시절 껌을 하나 사면 음식을 먹을 때는 벽에다 붙여놓았다가 음식을 먹은 다음엔 그 껌을 다시 벽에서 떼어내서 씹었다. 잠을 잘 때도 마찬가지였다. 뒤돌아보면 절약정신이 얼마나 강한 것인가? 지금은 껌을 씹으면 단물만 빼고 그냥 뱉는다. 옛날 생각을 하면은 아깝지만 미련 없이 버린다. 그 시절 그 생각을 하면 웃음이 저절로 나오고 눈물이 나오기도 한다.

누가 풍선을 제일 크게 부는지 자랑도 하고, 그러다 불었던 풍선을 후루룩 들이키다 잘못하여 입안으로 쏙 들어 가면 껌이 없어져서 울던 기억도 난다. 그러면 친구한테 조금만 떼어 달라고 해서 그 껌을 아무 생각 없이 씹던 기억들. 그땐 남이 입속의 씹던 껌이 더러운 줄도 몰랐었다. 조금 떼어서 주는 친구가 그냥 고마울 따름이다. 그 시절엔 그것도 유일하게 누가 풍선을 제일 크게 부는가 하고 재미로 노는 데 한몫했다. 그 당시엔 껌이 삭아서 없어질 때까지 계속 씹었다. 아마도 일주일을 넘겨 씹으면 삭아서 없어졌던 기억이 난다.

그 뿐이었는가. 처음에 라면땅이 나왔을 때 그것을 사서 하나, 하나 집어먹으면서 아껴 먹으려고 했는데 오빠, 언니, 동생이 몰래 훔쳐가서 먹고 빈 봉지만 휙 내던지고 도망갔을 때에, 그것

내놓으라고 이를 악물고 쫓아가다 넘어져 무릎을 다쳐서 피가
주룩주룩 흘러내려 대성통곡을 하면서 울었던 일들이 한두 번이
아니었다. 이런 기억이 지금은 아름다운 추억으로 주마등처럼
스쳐간다. 그래도 그 시절이 얼마나 행복했는지 모른다. 우리 형
제들은 가끔 모이면 옛날이야기를 자주하며 눈물을 짓기도 한
다. 불쌍하게 일찍 돌아가신 부모님 생각을 하면서 말이다.

　밤이면 석유등잔불 앞에서 할머니의 옛날이야기를 듣다가 머
리나 등짝을 긁적이면 옷을 벗으라고 하시곤 등잔불 앞에서 이

를 잡아주시던 일이 생각난다. 이가 알을 까서 그것을 등잔불에 지지면 톡톡톡 튀면서 소리가 난다. 그 소리가 재미있게 들린다고 하면 할머니께서는 "그게 무슨 재미있느냐" 하신다. 그러면 우리들은 재미있다고 다들 웃고 난리가 난다.

한방에서 한 이불을 덮고 할머니가 들려주시던 이야기를 들으며 6남매가 싸우면서 자던 생각. 그래도 불평불만 없이 살았던 기억이 난다. 이러한 환경 속에서 우리 6남매는 용기와 꿈을 먹고 자랐다.

필자의 어렸을 때의 꿈은 선생님이었다. 마음속에 무엇인가 늘 꿈틀거리면서 이다음에 내가 꼭 성공을 해서 우리 부모님께 호강시켜드려야지, 그리고 나는 꼭 성공을 할 거야. 내 꿈을 일으키기 위해서 나는 용기가 필요했던 것이다. 지금도 필자는 용기라는 에너지를 꺼내어서 쓰고 있다.

내가 어릴 적, 우리 마을에 사는 언니, 오빠들 중에는 돈을 벌기 위해 무작정 서울로 상경해 공장일, 버스안내양, 식모, 가게 점원 등 온갖 궂은일을 해가면서 집안에 경제적으로 도움을 주고, 동생들을 학교에 보내고 자신도 주경야독으로 열심히 공부

해서 성공한 사람들이 많았다. 얼마나 값진 성공인가. 그리고 얼마나 대단한 용기인가. 용기가 없었더라면 그냥 세월 흘러가는 대로 살아갔을 것이다. 용기란 바로 이런 것이다.

우리 언니도 56세에 중학교에 입학했다. 맏이로서 동생들 뒷바라지에 집안일 돌보느라 어린나이에 학업을 포기해야만 했다. 그러다 용기를 내어 중학교에 입학한 것이다. 얼마나 대단한 일인가. 언니가 다니는 중학교에는 언니 또래뿐만 아니라 60세, 70세 되신 분도 계신다고 한다. 정말 그분들의 용기에 박수를 보내주고 싶다. 언니는 중학교를 마치면 고등학교, 대학교까지 공부를 계속할 예정이란다. 옆에서 보는 나는 언니가 너무 흐뭇하고 대견하다. 힘내세요, 언니. 파이팅! 아자, 아자!

누구에게나 용기가 필요하다. 용기는 모두에게 희망을 가져다 준다. 그리고 꿈을 이루게 하는 원동력이 된다. 이루고 싶은 꿈이 있는데 망설이고 있다면 지금 바로 용기라는 두 글자를 꺼내어 사용해 보자.

내 안에 잠자는 거인을 흔들어 깨워보자. "이한분! 이제 일어나라. 이한분! 너는 잘한다. 이한분! 너는 성공한다. 이한분! 잘

할 수 있다. 이한분! 앞을 향해서 나가자. 이한분! 꼭 나의 목표를 완수하겠다.” 크게 외치면서 자기 암시를 걸어보자. 우리는 할 수 있다. 크게 외쳐보자.

●●● 열정의 에너지를 끌어내라

어떤 일을 함에 있어서 열정의 마음이 있어야 한다. 그래야 어떤 일을 하든지 결과가 있는 것이다. 필자는 어렸을 때부터 유별나게 학문에 대한 열정만큼은 정말 대단했다. 지금도 마찬가지이다. 아마 필자가 가정환경 탓하고, 부모님 탓하고 그냥 남들처럼 지냈으면 지금의 내가 이렇게 강의를 하고 있지는 않았을 것이다.

필자가 살던 시골은 전깃불도 들어오지 않았다. 그래서 석유 등잔불 아래서 공부를 하던 시기였다. 어렸을 때부터 뺀질뺀질대고 일을 잘 안했던 기억이 난다. 부모님께서 심부름이나 일을 시키면 대신 동생들을 시키고 나는 몰래 숨어서 공부를 했다. 지금 생각하면 얌체족이었다. 공부에 대한 열정 때문인지도 모른다. 지금도 가끔 새언니는 이런 이야기를 하신다. “내가 시집와서 다른 고모들은 학교 갔다가 오면 일들을 하는데 고모는 안보여서 뭐하나 하고 가보면 공부하고 있어서 얼마나 얄미웠는지 모른다."

그때 그런 열정이 나에게 없었으면 지금의 이한분은 없었을 것이다. 그 당시 학문의 열정은 대단했다. 그래서 친구들은 나를 보고 "그렇게 지독하게 공부하더니만 결국은 해냈구나" 하고 말한다. 그 '지독'이란 두 단어가 나를 열정으로 만들었던 것이다.

지금도 가끔 생각을 한다. 6학년 때의 일이다. 밤새워 등잔불을 켜놓으면 돈 들어간다고 등잔불 끄라고 고함을 치시던 부모님. 그 와중에 책을 보고 싶은데 혼날까봐 이불 안으로 등불을 들고 들어가서 책을 보았다. 책을 보다가 그만 잠이 들었다. 그 순간에 석유등이 넘어져서 석유가 방바닥으로 흘러내려 잠자고 있는 내 등 쪽으로 흘러간 것이었다.

그것도 모르고 쿨쿨 자고 아침에 일어났는데 이상한 예감이 들었다. 무슨 냄새가 나는 것이었다. '아차!' 하는 마음에 정신을 차리고 이불을 쳐들고 보니 난리가 난 것이다. 부모님한테 혼날까봐 얼른 일처리를 하려고 하는데 이상하게 등이 쓰리고 아팠다. 그때 할머니가 오시더니 "무슨 일이 있냐?" 하시기에, "아파서 그러니 제 등짝을 한번 봐주세요"라고 했다. 그러자 할머니께서는 깜짝 놀라셨다. 등짝이 석유에 불어 터서 물집이 생기고 불그스름하게 난리가 난 것이다. 그때는 병원 갈 생각도 못하고 며칠 동안 쓰라리고 물집 생긴 것이 계속 터질 때마다 아파서 죽는 줄 알았다. 지금도 가끔 필자는 기억하고 있다. 그 아픔은 공부의 열정에 대한 대가라는 것을.

그 정도로 필자는 공부하는 것을 좋아했다. 그 열정이 지금까지도 계속 이어져 가고 있다. 자녀들이 "공부 지겹지 않냐?"고 물어 보면, 제일 행복한 시간이 책보는 시간, 공부하는 시간이라고 말한다. 그렇다. 그것만큼 나를 행복하게 만드는 것은 없다. 그래서 강의를 다니면서 사람들에게 공부를 계속하라고 한다. 요즘은 '평생학습' 시대라 본인이 부지런하기만 하면 된다. TV와 이외의 언론사나 자치단체 등에서 무료로 하는 곳이 무수히 많다. 필자는 가끔 생각한다. 내가 시대를 잘 타고 난 것에 얼마나 감사한가 하고 말이다. 요즘 얼마든지 배울 기회가 많이 있다. 내가 발품만 부지런히 팔면 된다. 얼마나 좋은 세상인가!

자신이 가진 열정을 얼마나 사용하느냐에 따라 앞으로의 인생이 달라진다. 자기가 좋아하는 일을 찾아 열심히 해보는 것이다. 내 마음 저 깊은 곳에서 쿨쿨쿨 잠자고 있는 열정의 에너지를 꺼내어 남은 인생 후회 없이 멋지게 살아가보자. 열정의 에너지는 쓰면 없어지는 것이 아니라, 쓸수록 샘물 솟듯이 솟아나는 것이다.

●●● 웃음의 에너지를 끌어내라

결혼해 자녀를 키워본 사람이라면 아기가 밤낮으로 보채고 울어 밤잠 설친 일이 한두 번이 아닐 것이다. 몸도 마음도 지치고 짜증이 나다가도 아기의 웃음에 힘든 마음이 봄에 눈 녹듯 사라진다. 이것이 부모의 마음이고 웃음의 힘이다.

힘들 때일수록 많이 웃고 웃어라. 그러면 마음에 있는 웃음의 에너지가 힘이 되어 준다. 필자는 힘들 때일수록 콧노래를 부르고 더 밝게 웃는다. 그래서 행복하다. 가끔 이상한 사람으로 오해받기도 하지만, 어려울 때일수록 내 안에 숨어있는 웃음의 에너지를 많이 꺼내어 사용을 해보자. 웃음이 있는 곳은 위기가 행복으로 바뀔 것이다.

●●●● 사랑의 에너지를 끌어내라

　우리의 삶, 대중가요, 영화, 책, 사람들의 대화를 살펴보면 사랑을 주제로 한 것이 대부분이다. 그만큼 사람들을 기쁘게, 슬프게 하는 것이 사랑이다.

　사람들은 사랑이 변한다고 말한다. 사실은 그렇지가 않다. 사랑은 영원한데 사람이 변하는 것이다. 누구나 사랑받기를 원한다. 사랑받기를 원하는가? 사랑받는 사람이 되기 위해서는 우선 내가 먼저 사랑해야 한다.

　누군가가 힘들어할 때 내 안에 있는 사랑의 에너지를 끌어내라. 그리고 사랑의 에너지를 나누어 주자. 그러면 그 사람은 다시 일어나게 된다. 그만큼 사랑은 무한한 힘을 가지고 있다. 또 사랑은 전파력이 있어 내가 사랑을 나누어 주면 언젠가 내가 힘들 때, 누군가 나에게 사랑의 에너지를 주게 되어 있다. 사랑이 필요한 자에게 소나기처럼 시원하게 사랑의 에너지를 내려주자.

●●● 관심의 에너지를 끌어내라

시골에서 원수로 지내는 고부가 있었다. 시어머니는 틈만 나시면 집에서 진지를 드시고 마실을 가셔서 하루 종일 며느리 흉만 보는 것이 유일한 낙이었다. 그와 반대로 며느리도 시어머니 흉만 보는 것이다. 그러던 어느 날 우연히 스님이 오셔서 "이 집안에 우환이 있군요. 무슨 일이 있으십니까?"라고 물었다. 그러자 며느리는 "다름 아니라 미워하시는 시어머니 한 분이 계시는데 어떻게 하면은 빨리 돌아가시게 하는 방법이 없나요?"라고 말했다. 그 이야기를 듣고 있던 스님 왈, "있습니다. 방법은 간단하지요." "어떤 방법인데요?" "혹시, 시어머니가 좋아하시는 음식이 있으신가요?" "인절미를 아주 좋아하십니다." "그러면 인절미를 끼니때마다 정성으로 만들어서 밥상위에 올려주시지요. 100일 동안만 하시면 됩니다. 그것도 관심을 갖고 백일 정성을 들여야 합니다."

그 소리에 며느리는 최고의 찹쌀로 인절미를 정성으로 만들어서 아침, 점심, 저녁으로 시어머니께 대접하기로 마음을 먹었다. 마실을 갔다가 돌아오신 시어머니가 깜짝 놀라서 "어멈아, 이게 뭐냐? 웬 인절미야. 내가 제일로 좋아하는 것인데" 하시면서 시어머니는 맛있게 드셨다. 그리고 시어머니는 마실을 가서 동네 사람들에게 "며느리가 인절미를 해주는데 며칠이나 해줄 것인가, 잘해야 한 끼일 것이다"라고 계속 흉을 보았다. 그런데 이게 웬일인가. 계속 밥상위에 인절미가 올라오는 것이 아닌가.

그런데도 시어머니는 여전히 만나는 사람마다 여느 때와 같이 흉을 보기 시작한다. 며느리는 이제 이십일 남았다. 보름 남았다. 드디어 백 일째가 되는 날이다. 마지막이라 지극정성으로 인절미를 만들었다. 그날도 여느 때와 마찬가지로 마실을 갔다가 돌아오시는 시어머니를 반기면서 며느리는 '오늘이 마지막 날인데 어머니 이 인절미 맛있게 드시고 돌아가시는 날입니다. 편히 돌아가세요.' 마음속으로 이렇게 중얼거렸다.

그때 시어머니는 "오늘도 인절미가 있네"라고 좋아하시면서 인절미를 하나 들고 먹으려고 하는 순간, 울음이 북받쳐서 인절미가 목에서 넘어가지를 못하고 캑캑거렸다. 그때 며느리는 '이때 시어머니가 돌아가시는가 보다' 하고 속으로 좋아하였다. 그러는 순간에 시어머니 왈, "아가, 미안하다. 내가 잘못했구나. 이 못난 시어머니를 용서해다오. 너의 정성을 알지도 못하고 넌 나한테 관심도 없어 돌아다니면서 흉을 보면 그 흉이 너한테 돌아가서 나한테 잘해 줄줄 알고 그랬다. 미안하다" 하시면서 대성통곡을 하는 것이었다. 이때 며느리도 "어머니, 용서해 주세요. 저의 잘못을 용서해 주세요." 서로 부둥켜안고 시간가는 줄 모르고 계속 우시는 것이었다. 그 후부터 시어머니와 며느리는 서로의 동반자로서 효부노릇을 하면서 행복하게 오래오래 살았다는 이야기이다.

이 세상에서 제일 불쌍한 사람은 관심을 못 받는 사람이다. 우리는 서로가 서로에게 관심을 받기 위해서 몸부림을 친다. 아기는 엄마에게, 자녀는 부모님에게, 아내는 남편에게, 남편은 아내에게, 시어머니는 며느리에게, 며느리는 시어머니에게, 사랑하는 사람에게……. 우리는 살아가면서 서로 관심이 부족하다. 요즈음 애완동물도 마찬가지이다. 서로가 관심을 갖기 위해서 온갖 쇼를 한다. 그러나 정작 상대방이 관심의 눈길을 주지 않으면 그 때서부터 사건은 발생된다.

관심은 작은 것에서 시작된다. 이제는 주위 사람들한테 관심을 가져보자. 먼저 자신한테 관심을 가져보고 가족한테 눈길을 돌려보자. 그러면 가족이 달라져 보일 것이다. 이 세상 모든 피조물은 관심받기를 원한다. 그러나 받기보다는 먼저 관심을 주는 자가 되어 보자. 먼저 베푸는 자가 되어야 한다. 그래야 내가 행복해진다. 관심은 세상의 눈을 바로 보게 하는 마력의 힘이 있다.

　나의 관심을 기다리고, 필요로 하는 사람은 많이 있다. 이 에너지는 상대방을 성장하게 해주지만 오히려 나를 성장하게 도와주기도 한다. 주위 사람뿐만 아니라 나에게도 관심을 가지고 사랑해 주고 돌봐주자. 관심의 에너지는 심장과도 같은 것이다.

　내 안에 저축해둔 에너지를 필요할 때 적당하게 꺼내서 사용해 보자. 무리하게 한번에 다 꺼내 쓰지 말고 적절한 시기에 적당히 꺼내 사용하면 어떤 어려움이 온다 해도 지혜롭게 극복을 할 수 있다. 샘물처럼 마르지 않고 솟아나는 내 안의 관심의 에너지 창구를 많이 이용하자.

6. 나만의 생활습관 만들기

성공한 사람들에게는 자신만의 생활습관이 있다. 습관이란 무서운 것이어서 사람을 성공하게 만들고 불행하게도 한다. 비만, 당뇨, 고혈압 등 식생활의 서구화, 운동 부족, 흡연, 과음 등 평소의 좋지 않은 생활습관 요인들이 복합적으로 작용했을 때 일어나는 질환을 생활습관 병이라고 부른다.

그렇다면 어떠한 생활습관을 길러야 성공하는 삶을 살 수 있을까?

●●● 성실한 삶을 살자

20세기 바이올린 연주의 전설이라 불리는 야사 하이페츠는 이런 말을 남겼다. "하루 연습을 쉬면 나 자신이 알고, 이틀 연습을 쉬면 평론가들이 눈치 채고, 3일 연습을 쉬면 관객들이 알게 된다."

어떠한 일을 하더라도 진실 되고 거짓됨이 없이, 꾸준히 변함 없이 살아가는 모습을 행동으로 보여 주어야 한다. 그래야 주위 사람에게 인정받는 것이다. 다른 사람이 볼 때만 그렇게 행동하는 것이 아니라 누가 알아주지 않아도 묵묵히 자신에게 부끄럽지 않게 생활해야 한다. 즉, 성실한 삶을 살아야 한다.

●●● 아침형 삶을 살자

필자는 아침에 일찍 일어나는 습관이 있다. 이런 습관이 생긴 것은 다 이유가 있다. 18세 때의 일이다. 내 기억속의 엄마는 언제나 아픈 모습이었다. 늘 지친 몸으로 집안일을 돌보시고, 농사일도 거드셨다.

어느 날서부터 엄마는 몸이 많이 아프셔서 자리에 눕고 말았다. 동네에 교회 전도사 사모님이 계셨는데, 그분이 매일 오셔서 엄마를 위해 기도해 주시면서 나에게 새벽기도를 다니라고 권하셨다. 그러면 하나님이 엄마의 병을 고쳐드릴지도 모른다고 하시면서. 그때부터 새벽 4시 30분이면 일어나서 새벽기도를 다녔다. 그러나 끝내 엄마는 사랑하는 남편과 어린 6남매를 두고 편안한 곳으로 홀로 가셨다.

그때 사모님께서 하시는 말씀 중 "우리는 무엇이든지 주어진 일에 최선을 다하면 된다. 결과는 하나님이 알아서 하시는 것이고 너무 슬퍼하지 마라"는 위로가 아직도 기억에 남는다. 그때부터 새벽에 일어나는 좋은 습관이 생겨서 지금도 새벽에 일어난다. 그렇다. 습관이라는 것은 길들이기 나름이다.

아침에 일찍 일어나면 좋은 점이 많다. 어느 누구에게도 방해되지 않는 나만의 시간이 주어진다. 책을 보기도 하고, 음악을 듣기도 하고, 산책을 나가기도 한다. 조용히 명상을 하는 것도 좋다. 이른 아침시간이 하루를 열심히 살아가게 하는 에너지를 준다.

●●●● 약속을 잘 지키며 주도적인 삶을 살자

작은 약속이라도 소중하게 지킬 줄 아는 사람이 되어야 한다. 약속을 잘 지킨다는 것은 시간 관리를 잘한다는 것이다. 약속을 했다면 시간이 허락하는 한 미리 약속장소에 나가 여유 있게 기다릴 줄 아는 사람이 되자. 그 기다림 속에서 남을 배려하는 마음도 생긴다. 항상 작은 책 한 권을 들고 다니면서 기다리는 동안 독서를 하는 것이다. 기다리는 것은 시간낭비가 아니다. 기다리는 동안 나만의 시간을 가질 수 있는 것이다. 무엇이든 내가 생각하기 나름, 행동하기 나름이다.

남에게 끌려 다니는 삶을 살지 말라. 끌려 다니는 사람은 항상 끌려 다니고 이끌어 가는 사람은 사람들을 항상 이끌고 산다.

항상 주관을 정확히 내세우고 자기의 의사표시도 정확하게 할 줄 알아야 한다. 내 삶의 주인이 돈, 재산, 명예 또는 다른 사람이 되어서는 안 된다. 오직 나만이 나의 삶을 올바른 방향으로 이끌 수 있다.

●●● 자기관리를 계속하라

자기관리를 철저히 하라. 그리고 매일 습관화하라. 돈을 잃으면 조금 손해 보는 것이고, 신용을 잃으면 많이 손해 보는 것이

며, 건강을 잃으면 모든 것을 다 잃는 것이다. 그러니 우선 건강을 지켜야 한다. 시간을 내 운동도 하고, 음식 조절도 하고, 주기적으로 건강검진도 받으며 본인 스스로 자기관리를 잘 해야 한다. 남이 자기관리를 해주기를 바라는 사람은 미련한 사람이다. 어떻게 상대방을 잘 알고 관리를 해준단 말인가?

공부도 마찬가지다. 평생 건강을 신경 쓰며 가꿔가야 하는 것처럼 늘 배움의 자세로 살아가야 한다. 배우는 사람은 늙지 않는다고 했다. 학습은 나를 성장시켜주고 마음에 풍요로움을 준다. 내가 아는 만큼만 즐길 수 있고 기쁨이 있는 것이다. 건강과 공부를 자신의 봄에 습관을 들여 평생 과제로 삼고 살아야 한다. 늘 관심을 가지고 자기관리를 잘 하자.

●●●● 자기분야에서 최고가 되어라

내가 어떤 일을 하던지 내가 하고 있는 일만큼은 자부심을 가지고 임해야 한다. 그래야 상대방이 신뢰를 할 수 있는 것이다. 일을 맡겨도 확실하게 책임을 질 줄 아는 사람이 되어야 한다. 그러기 위해서는 주인의식을 가져야 한다. 주인의식이 없으면 객이 된다. 책임감도 없고 어떤 일이 터지면 피할 구멍만 찾게 되는 것이다.

최고가 되기 위해서는 적어도 한 달에 한 권의 책을 읽어보자. 책을 읽으면 전문지식을 쌓을 수가 있고 세상을 바라보는 눈이 달라진다. 책을 통하여 간접적인 지식을 많이 얻을 수가 있다.

늘 새로운 것을 접하고 자기 것으로 만들어야 현재에 머무르지 않고 한 단계 더 앞으로 나아갈 수 있다. 이렇게 할 때 전문가라는 소리를 듣는 것이다. 넓게, 크게, 깊게 생각하는 마음의 자세도 중요하다. 모든 것을 대범하게 생각하고 어떤 일이 주어지면 폭 넓게 생각해 보자. 한 사람의 의견만 듣는 것이 아니라 다양한 사람들의 의견도 들어보는 자세가 필요하다.

●●● 평생 배움의 자세를 가져라

늘 책을 옆에 끼고 살아가자. 책을 통해서 세상 돌아가는 물정도 알아보고 나의 식견도 넓혀갈 수 있으니 얼마나 재미있는가. 배움 앞에서 나이는 숫자에 불과할 뿐이다. 나이 탓하지 말고 배우고 싶은 것이 있으면 과감하게 도전해 보자.

운동도 평생교육이다. 하루, 이틀 운동하는 것이 아니라 평생 해야 한다. 연령에 맞게 계속 배우고 익히면서 내 몸에 맞는 운동을 찾아 꾸준히 해야 한다.

나만의 습관을 잘 길러 하루를 살더라도 성공한 삶을 살자. 그것이 바로 내가 행복하게 살아가는 방법이다. 남의 것이 좋다고 해서 모두 따라할 필요는 없다. 모든 것은 내 몸에 맞고 내 습관에 맞아야 한다. 그래야 거부반응이 없고, 나에게 면역이 되어 좋은 습관이 생기는 것이다.

7. 호감 가는 목소리는 사람을 끌어당긴다

목소리에는 그 사람의 생각, 정신, 마음이 담겨있다. 그래서 목소리가 중요하다. 알버트 메러비안 챠트(미국 사회심리학자)는 말하는데 있어서 표정 35%, 태도 20%, 목소리 38%, 언어가 7%를 차지한다고 한다. 그만큼 언어보다 음성이 차지하는 부분이 크다고 할 수 있다.

●●● 웃음이 섞여야 맑은 음성이 나온다

웃을 때 마음이 활짝 열려야 맑은 음성이 나온다. 반대로 마음이 긴장되어 있고 스트레스가 쌓이면 탁하고 어두운 음성이 나온다. 기쁘고 행복한 마음이 호감 가는 맑은 음성을 만들 수 있는 것이다. 맑은 목소리를 원하시는 분? 많이 웃으세요! 하하 하하…….

필자는 펀스피치를 가르치기 전에 웃는 연습을 많이 시킨다. 잘 웃는 사람이 성격도 좋고, 자신감도 생기고, 긍정적이라서 말도 잘할 수가 있다. 그만큼 말하는 데 있어서 웃음은 연관성이 있다. 웃음은 꼭 필요한 부분이라 말할 수 있다.

●●● 매력적인 나만의 음성을 만들자

매력은 나만의 어떤 것을 가지고 상대방의 마음을 움직이고 잠깐 정신을 잃게 하는 것이다. 목소리로 매력을 가꾸어보자.

악기마다 소리가 다 다르듯, 사람마다 목소리도 다 다르다. 음성을 분석해서 나만의 스타일을 만들어보자. 다른 사람의 목소리가 좋다고 흉내만 내다보면 '나'라는 존재는 없어진다. 타고난 음성이 거칠고 탁하다 할지라도 노력하면 호감 가는 음성이 될 수 있다. 완벽하지는 않지만 발성, 호흡 그리고 교정 도구를 이용해서 어느 정도는 교정이 가능하다.

필자는 외모가 뛰어나게 예쁜 것도 아니고, 몸매가 흔히 말하는 S라인도 아니고, 요즘말로 얼짱, 몸짱도 아니다. 그래서 목소리로 승부를 보기로 했다. 10년 전부터 호감 가는 목소리를 만들기 위해 노력했다. 정말 틈나는 대로 연습에 연습을 거듭해서 지금은 나만의 음성을 만들어서 강의를 하고 있다. 노력도 하지 않고 자신의 목소리를 탓하지 마라. 목소리도 바뀔 수 있다. 얼마든지 가능하다. 노력하는 자에게만 가능한 것이다.

목소리도 이제는 경쟁력이라고 한다. 나만의 개성 있고 매력적인 목소리를 만들어서 표현해 보자. 호감 가는 목소리로 상대의 마음을 끌어당겨보자.

●●● 열정적인 목소리를 내자

누구나 열정적인 목소리를 좋아한다. 어린아이들 중에도 열정으로 이야기하는 아이들이 있다. 사람들은 그런 목소리를 좋아한다. 이러한 음성은 선천적인 것도 있지만 노력을 통해서 만들 수 있다.

이제는 생각만 열정적으로 하지 말고 목소리에 열정을 담아 이야기하는 습관을 들여 보자. 가수도 열정적으로 혼을 담아 노래 부르는 사람이 큰 박수를 받는다. 말도 마찬가지이다. 힘없이 말하는 것보다는 열정적인 목소리를 내는 사람에게 신뢰가 쌓이고 호감을 느낀다는 사실을 잊지 말자.

항상 하는 말이 있다. 나이를 먹었다고 목소리까지 나이 먹은 소리를 내지 말라고. 그리고 행동도 젊게 하라고. 비록 나이는 먹는다 할지라도 목소리만큼은 젊게 하자. 이것이 바로 내가 젊게 사는 비결이다.

●●● 재미있는 목소리를 내자

같은 말도 말하는 사람에 따라 그 맛이 다르다. 같은 값이면 다홍치마라고 이왕이면 다른 사람에게 재미를 주는 사람이 되어 보자.

재미있게 말하기 위해서는 주변의 말을 재미있게 하는 사람들을 눈여겨보고 따라해 보는 것이다. 그리고 유머, 웃음, 난센스, 개그, 연기력을 골고루 갖추어야 한다. 처음에는 어렵고 어색하겠지만 자꾸 하다보면 익숙해질 것이다.

강의도 재미있게 해야 사람들이 집중을 잘하고 반응도 뜨겁다. 강의가 아니더라도 다른 사람과 이야기할 때는 재미있게 말하는 연습을 하자. 재미있게 말하는 사람들은 인생도 긍정적으로 재미있게 살아간다.

●●● 목소리의 온도를 적절하게 맞추자

음식도 적절한 온도로 맞춰야 맛이 나고 체온도 적절해야 건강하듯이, 모든 것에는 알맞은 온도가 있다. 너무 뜨거워도 안 되고, 차가워도 안 되고, 너무 밋밋해도 안 된다.

목소리도 마찬가지이다. 나의 목소리를 생각해 보자. 화나서 싸우는 사람들한테서는 열정이 아니라 뜨거운 독기가 느껴질 뿐이다. 생각하기도 전에 마구 소리를 내지른다. 그래서 험악한 말투를 많이 사용하게 된다.

반대로 목소리가 차가운 사람을 떠올려보자. 그런 사람들은 정말 가까이 하기가 싫다. 한여름에도 찬바람이 쌩쌩 분다. 음성뿐만 아니라 사용하는 단어도 차갑다. 지시형의 단어들이 많으며 어둡고 냉정하다.

가랑비에 옷 젖듯 나도 모르게 습관적으로 하는 말이 나의 성격까지 바꾸고 만다. 지금까지 너무 뜨겁게 혹은 너무 차갑게 이야기했다면 하루라도 빨리 자신의 잘못된, 말하는 습관을 깨닫고 고치는 연습을 하자. 나이가 어릴수록 빨리 고칠 수 있고, 나이를 많이 드신 분들은 그만큼 오랜 습관이 행동을 지배해 왔기 때문에 더 많은 시간을 투자하고 노력해야 한다.

목소리에도 따뜻함이 있어야 한다. 한마디로 온도가 적절해야 한다. 너무 뜨겁거나 차가워도 안 되고, 너무 부드러워도 안 된다. 적당한 온도의 목소리를 사용하기까지는 말하는 연습뿐만 아니라 마음을 다스리는 노력도 필요하다. 냉소적인 마음, 부정적인 마음, 남을 배려하지 않는 마음을 가진 사람의 목소리는 너무 뜨겁거나 차갑다. 내 마음이 평온하고 행복할 때야 비로소 목소리도 알맞은 온도를 내는 것이다.

●●● 즐거운 목소리를 만들자

어떤 목소리가 즐거운 목소리일까? 재미있게 즐기면서 일하는 사람들은 목소리만 들어도 알 수가 있다. 목소리는 나의 기분이 그대로 표현되기 때문이다. 언제나 즐겁게 흥을 돋워주는 목소리는 주변 사람들이 금방 알아본다. 그래서 주변에 사람들이 많이 모인다. 목소리뿐만 아니라 얼굴 표정도 밝고 매사에 긍정적이다. 자신의 일을 즐기는 자가 되라. 내 몸의 건강뿐만 아니라 성공까지 뒤따라 올 것이다.

필자가 단골로 다니는 세탁소가 있다. 가격이 특별히 저렴하지도 않고, 다른 곳에 비해 그렇게 실력이 뛰어난 것 같지도 않다. 하지만 계속 그곳에 옷을 맡기는 이유는 바로 주인아저씨의 웃는 얼굴 때문이다.

외모로 보자면 작은 키에 특별나게 잘생겼거나 못생기지도 않은 평범한 사람이다. 그러나 내가 좋아하는 것은 그분의 상냥한 음성이다. 몇 년 동안 단골이었지만 변함없이 늘 싱글벙글 웃으시면서 이야기하신다. 더운 여름날엔 좁은 세탁소 안에서 나오는 열기 때문에 힘들고 짜증이 날만도 할 텐데 언제나 웃는 인상이다. 그곳에 옷을 맡기면 세탁물뿐만 아니라 내 마음까지 깨끗하게 세탁이 되는 기분이 든다. 그 세탁소는 항상 고객이 많다.

즐거운 목소리를 만들려면 일 자체를 즐기면서 해야 한다. 그리고 많이 웃어라. 웃을 때 상냥한 목소리가 나온다. 이처럼 즐

거운 목소리는 상대방까지 편안하고 행복하게 만들며, 결국에는 본인도 행복해진다.

●●● 주체적인 목소리의 소유자가 되자

자기 목소리를 제대로 낼 줄 아는 사람이 되어라. 내 목소리의 주인이 되어 보자. 어떤 상황에서든 본인의 목소리를 제대로 낼 줄 아는 사람이 있는 반면, 다른 사람의 눈치를 보면서 정작 자신의 목소리는 내지 못하는 사람도 있다.

목소리를 제대로 내는 사람은 언제나 자신감 있는 활기찬 이미지를 주며, 어떤 일을 맡겨도 확실하게 책임지고 일할 만한 믿음과 성실함을 준다. 자신의 목소리를 내지 못하면 자신감이 없고 주눅이 든 이미지를 주어 상대방에게 신뢰를 주기가 어렵다.

자기 목소리를 제대로 표현할 줄 아는 사람이 되어 보자. 목소리는 아주 소중하며 중요한 것이다. 나만의 목소리를 찾아내어 잘 갈고 닦아 나를 잘 표현할 줄 아는 사람이 되어야 한다. 목소리도 본인이 신경을 쓰고 노력하면 바꿀 수 있다. 노력한 만큼의 결과를 얻는 것이다.

필자는 목소리에 관심이 많다. 목소리는 요술쟁이다. 신기하다. 사람마다 생김새가 다르듯 목소리도 각양각색으로 나타난다. 남의 목소리를 무조건 따라 해서는 곤란하다. 나에게 꼭 맞는 옷을 입어야 옷맵시가 나듯 목소리도 나와 궁합이 맞아야 한다. 언제나 강조하지만 목소리도 훈련이다. 저절로 이루어지는 것은 없기 때문이다.

웃음꽃 인생

이한분

우리 인생 삶은 굴곡이 많아
울다가 웃고 사는 재미있는 인생

여보세요, 일어나세요.
내 손을 꽉 잡고 힘내세요.
주저앉아 있을 수는 없잖아요.
근심걱정 날려버리고
새로운 출발을 하는 거야.

신바림 나는 박장대소 히히하하.
신바람 나는 건강웃음 하하하하.
한바탕 크게 웃어보자 하하하하.
웃음꽃이 활짝 피어나 너무나 행복해.
하늘이 내려준 최고의 선물 웃음보약
우리 모두 함께 마시자 하하하하.

웃음으로 멋진 삶을 사는 거야.
웃기 위해 태어난 우리 인생 최고.

후기

항상 새로운 걸 찾아 열심히 하는 엄마는 우리집의 에너자이저! 딸인 나보다도 더 활기차고 끊임없이 공부하는 모습이 아름다워요. 앞으로도 더 밝고 긍정적인 모습 기대할게요. 귀여운 푼수 우리 엄마 파이팅!

– 사랑하는 딸 –

오늘도 현관문을 열고 들어서는 이 마음은 왠지 허전합니다. 아마도 강의에 바쁜 마누라를 팔아야 될 것 같습니다. 밥도 혼자 먹고, 운동도 혼자 가고, 잠도 혼자 자고. 이제 마누라가 필요 없을 것 같아 인터넷에 내어놓아야 할 것 같습니다. 이것도 푼수 짓일까? 하하하하…….

그리고 무리하지 마세요. 먼 길을 달려가 하루 종일 강의하고 집에 오면 녹초가 되는 그녀를 보고 있노라면 안타깝기도 하지만 화가 날 때도 종종 있습니다. 항상 집에서나 밖에서나 무리하지 마세요. 웃음이 보약이라고 하지만 건강 잘 챙기세요.

– 사랑하는 남편 –

"평생 웃고 살자." 이한분 원장님의 강의는 아주 시원합니다. 통쾌한 웃음과 유머, 재치가 맛깔스럽게 펼쳐지는 이야기는 강의장을 웃음폭탄으로 한방에 날려줍니다. 하하하하. ㅋㅋㅋㅋ

– 수강생 송아임 –

이한분 강사님의 강의는 진짜 재미있습니다. 웃고 산다는 게 어렵지만 그래도 웃고 살아가라고 하시는 말씀, 그것도 '평생 웃고 살아가라' 고

합니다. 하하하하. 이것이 보약이라고 하네요.

- 대학생 김정식 -

이한분 원장님의 강의는 나를 변화시켜놓았어요. 늘 부정적인 마음과 인상만 팍팍 쓰고 다녔는데 평생 웃고 살아가기로 마음먹었어요. 하하하하. 푼수처럼 웃어야 하는데 푼수 짓이 안되네요. 박장대소로 스트레스를 웃음으로 넘기고 얼굴엔 웃음꽃이 활짝 피어서 내 인생길에 웃음대박 터졌습니다. 웃음꽃으로 푸~하하하하. 웃는다는 것은 굉장히 힘드네요. 그래도 웃어야 된대요.

- 직장인 이재봉 -

엔돌핀 분비 촉진제! 팍팍한 삶의 활력소! 매너리즘에 빠진 직장인의 해방구! 그것은 바로 웃음! 이한분 강사님! 대한민국의 정열적인 대박웃음 전도사가 되세요. 감사합니다.

- 직장인 박희홍 -

정말 저에게 자신감을 주신 선생님! 선생님의 웃음소리는 '하하하하.' 평생 잊지 못할 거예요. 이한분 선생님은 펀스피치뿐만 아닌 제 자신에게 자신감이란 힘을 팍팍 넣어주셔서 감사합니다.

- 직장인 김동현 -

  평생 웃고 삽시다. 한 시간도 웃고 살기 힘든 세상입니다. 아니 1분도 웃고 살기 힘든 세상입니다. 이한분 선생님을 만나 뵙고 즐겁든 그렇지 않든 늘 웃고자 노력합니다. 삐뚤어진 입을 바로 하고, 떨리는 목소리에 힘을 주고, 머릿속에 자신감을 넣고, 입가에 스마일을 그려봅니다. 늘 그렇게 살아가려고 노력합니다. 하하하하. 바보처럼 말입니다.

– 직장인 장호익 –

  '평생 웃고 살자.' 이 강의는 정말 평생 웃고 살 수밖에 없는 당신을 발견할 겁니다. 우리가 살아가는 방법을 제시해 주면서 쉬우면서도 가슴에 와 닿는 강의는 다시 한 번 나의 삶을 뒤돌아보는 계기가 되었다. 이제는 상대방이 웃음을 주기 전에 내가 먼저 웃음을 전하는 모습의 삶이 되었으면 합니다.

– 수강생 장병근 –

"하루하루 즐겁게 웃으면서 살다가 보면, 평생 웃고 살아가는 것"이라고 말하시는 원장님의 이야기에 200% 동감을 하면서도 웃고 산다는 것이 어려운 일인 것 같다. 그래서 작정을 했다. 강의를 듣는 순간서부터 어린아이들의 순수한 마음을 갖기로. 그래야 웃음이 저절로 나온다고 한다. 여러분! 저와 같이 한번 박장대소하면서 웃어볼까요? 하하하하. 마음이 시원합니다.

– 직장인 김옥양 –

이한분 선생님의 '평생 웃고 살자'의 강의를 들으면 이제껏 딱딱하게 살아온 생활에 웃음과 함께 큰 활력소가 된 것 같습니다. 하하하하. '강추!' 재미있습니다. 일단 한번 들어보세요.

– 직장인 신상정 –

회사, 집만을 왕복하던 나의 생활에 이한분 선생님의 '평생 웃고 살자'의 강의는 회사동료와 친구들, 가족 간 큰 즐거움을 주었습니다. 파이팅!!! 이한분 선생님.

– 직장인 이만구 –

이한분 원장님의 '평생 웃고 살자' 강의를 듣고 밝아진 나의 모습을 다른 사람에게도 평생 웃으면서 전하겠습니다. 하하하. 호호호.

– 직장인 나봉균 –

이한분 원장님의 강의는 다음과 같이 표현할 수가 있습니다. ㅎㅎㅎ
1단계 : ' ' ' '(숨소리만~) – 무반응단계
2단계 : ㅇㅇㅇ(음음음~) – 초급단계
3단계 : ㅋㅋㅋ(크크크) – 중급단계

4단계 : ㅎㅎㅎ(하하하) - 고급단계

처음에는 숨소리만 내다가 2개월 후에는(강의를 받은 후) 펀스피치의 달인이 될 것입니다. 여러분도 평생 웃고 살기 바랍니다. 이한분 선생님은 웃음 바이러스의 블루칩이다.

- 수강생 이하늘 -

어쩌면 저렇게 호탕하게 웃을 수 있을까. 웃는 것도 자신감에서 나오는 것 같다. 이한분 원장님의 웃음소리는 청중들의 마음을 시원하게 해준다. 모든 것을 적절하게 비우고 여유 있게 살아가라는 이야기는 나의 삶을 뒤돌아보는 계기가 되었다.

- 울산에서 -

이한분 원장님의 목소리는 다른 사람들과 좀 다르다. 에너지와 열정이 넘치는 목소리, 다양한 목소리 톤의 변화. 한마디로 목소리 끝내줍니다. 힘이 마~악 생깁니다.

- 과천에서 -

이한분 선생님의 목소리만 들어도 기분이 좋고 행복합니다. 선생님의 목소리는 탁구공처럼 톡톡 튀는 목소리. 그리고 나에게 희망을 주는 메시지는 늘 나를 변화시켜줍니다. 희망과 용기를 주시는 선생님 감사합니다. 사랑해요.

- 시각장애인 장남석 -

소심한 성격에 말도 잘못하는 나에게 아름다운 웃음을 선사해 주셨습니다. 아름다운 웃음으로 늘 꿈과 용기를 갖고 살아가라 하시는 원장님, 정말 정말 감사드립니다.

- 시각장애인 강금옥 -

 앞은 캄캄하지만 얼굴은 '웃으면서 평생 살아가라' 는 원장님의 말씀 늘 기억하면서 살아가려고 합니다. 앞은 보이지 않지만 상대방의 웃는 모습은 환하게 보입니다. 저는 원장님을 만나고서부터 하하하하 웃다보니 성격도 바뀌었습니다. 원장님 진심으로 감사합니다.

– 시각장애인 종광희 –

 이한분 원장님께 4개월 동안 웃음치료를 받고 마음의 변화가 일어났습니다. 하하하하 웃다가 보니까 고혈압이 정상적으로 돌아왔습니다. 역시 웃음은 최고 중의 최고의 보약입니다.

– 수강생 정애희 –

 이한분 강사님께 웃음치료 강의를 받고 제 삶이 확 바뀌었습니다. 웃음이란 것을 모르고 살다가 웃음을 확실히 알고서부터는 늘 하하하하 웃으니 제 인상이 바뀌었습니다. 미친 사람처럼 하하하하 웃고 살래요. 푼수처럼, 아니 바보처럼. 그래야 평생 웃고 살아갈 수가 있대요. 강사님, 사랑해요.

– 진종일 –